ローカリズム宣言

「成長」から「定常」へ

内田樹

はじめに

みなさん、こんにちは。内田樹です。

今回は「ローカリズム宣言」というタイトルで、地方移住、定常経済などにかかわる文章をまとめて本を一つ作りました。本の素材になったのは、この本の出版社が編集している『TURNS』（第一プログレス発行）で2年ほどにわたって連載したインタビュー記事です。記事の方はほとんど原型をとどめぬまでに加筆訂正しました。

『TURNS』というのはUターン（生まれ故郷へ帰還する）、Jターン（生まれ故郷とちょっと違う土地に住み着く）、Iターン（都会に住んでいる人がぜんぜん縁のない土地へ移住する）という三種類の「ターン」のことです。この雑誌はそういうふうに「ターン」して、地方移住をめざす人たちのための情報誌です。

最初に『ＴＵＲＮＳ』から取材のオファーがあったときには、この世にそんな特殊な読者を対象にした特殊な雑誌があるなんて知りませんでした。どこにも広告も出していない、名前も知らなかった雑誌に一定のニーズがあるということにまず驚きました。実際に地方移住するかどうかはさておき、「地方移住という選択肢を検討する気になっている人たち」は僕が考えているよりもはるかに多いらしい。

それを聞いて、まず「ああ、日本人もけっこう健全なんだな」と僕は思いました。

それは２０１１年の東日本大震災で露呈した都市文明の脆さと、とりわけ原発のメルトダウンによる環境破壊に対するごく自然な反応のように思えたからです。そういう動きが出てこなければ、むしろおかしい。

資本主義の終焉が近づき、今までのような都市生活はいずれ継続が困難になる、そういうふうに思う人が少しずつではありますけれど、しだいに増えてきました。もちろん、まだ圧倒的に少数派です。

そもそも資本主義経済がもうすぐ終わるかも知れないなんてことは新聞やテレ

ビのようなマスメディアは絶対報道しません（だって、それは「そのうちわが社は消滅するかも知れませんという話なんですから）。ネットは速報性・拡散性優位のメディアですので、こんな複雑な話は扱えない。ですから、「資本主義経済はもうすぐ終わるかも」というのはごく少数の学者やエコノミストの書くあまり読まれない本をたまたま手に取る機会があった人を除くと、「なんか、ふっとそんな気がしてきた」という直感以外には根拠のないアイディアなんです。でも、そういう直感を信じて、生き方を変える人たちが日本列島全土に同時多発的に登場してきた。たぶん、その数はこれからどんどん増えてくるでしょう。これはもう後戻りすることのない、歴史的必然だと思います。

でも、どうして経済システムのようなある意味で価値中立的で、誰も人為的に操作することのできない自律的な仕組みの「命数が尽きかけている」ということが直感的にわかるんでしょうか。

株式市場における投資家の行動は予測不能です。市場における消費者の購買動向も予測不能です。為替の仕組みや中央銀行の動きも変数が多すぎて予測不能です。要するに、経済体制が明日どうなるかということについては、これを一元的に管理している人も機関も存在しないので、「誰も知らない」ということです。ときどき啓明結社とかフリーメーソンとかユダヤの国際資本とか、そういう秘密組織がすべての経済的できごとを陰で操作しているという「陰謀論」を語る人がいますけれど、残念ながら、そういう理論は「世界のすべてのできごとの背後には神の摂理がひそんでいる。すべては神の意思だ」というのと同じく、今日の魂の安らぎを与えてはくれますけれど、明日何が起きるかについては何も教えてくれません。

ところがなぜか人間は直感的にこのような予測不能の、複雑怪奇な事象の本質が「わかる」ことがある。少なくともこのままの事態が続くと、自分にとって「よいこと」が起きるか、「よくないこと」が起きるのか、それがひらめくことがある。

「そういうこと」ってあるよな、と思ったのは、去年の春にイギリスに行ったときのことです。これは「マルクスのゆかりの地を訪ねる」という変わった企画のツアーで、その中で、マルクスが『資本論』を書いた時代のイギリスの工場労働がどういうものだったかを知るためにリヴァプールの産業博物館を訪れました。

この産業博物館には産業革命のときの紡織機械がずらりと並んでいて、ときどきガイドさんが工場の仕組みを説明しながら、その機械を作動して見せてくれるのです。これがすごかった。

何十メートルもある紡織機械が一斉に作動して、それをわずかな人数で操作する。子どもたちが機械の下に潜り込んで、素早く繊維のくずを掃除する。少しでも気を抜くと機械に巻き込まれて手足が切断される。そういう非人間的な機械なんです。ところが、そういう機械にはあきらかに表情があるんです。機械を設計した人間がその機械がどういう本質のものであるかを知って、それを表情として与えてしまった。意識的であったか無意識的であったかはわかりません。でも、あきらかにそれらの機械には表情があった。

H・R・ギーガーという画家が『エイリアン』というSF映画のクリーチャーのデザインをしたことがあります。「バイオメカノイド」というのがその怪物のコンセプトでした。機械と生物の合体したものです。きわめておぞましい造形で、映画を見たときに僕はギーガーという人の作家的独創性に感服しました。でも、リヴァプールで紡織機械を見たときに、それらの機械がエイリアンの造形の原型だということがわかりました。人々を休みなく働かせ、生気を奪い、収奪し、場合によっては殺す機械には、それにふさわしい醜悪で禍々《まがまが》しい「顔」があるべきだと考えた技師たちがいたのです。

「ラッダイト（luddite）」をご存じでしょうか。19世紀はじめのイギリスに登場した産業革命に反対した労働者たちのことです。彼らは機械によって職を奪われたことを恨んで、工場に乱入してさまざまな機械を叩き壊しました。イギリス政府は工場の機械を破壊したものは死刑に処するという過酷な政策でこれに応じましたが、ラッダイトの運動はそれにもかかわらず全土に広がりました。僕は高校の世界史でラッダイトのことを知ったときに「変なことをする人たちだ」と思いました。機械なんか壊してもしょうがないじゃないかと思ったからです。機械は価値中立的で、何の感情も意思も持たない、ただの道具です。機械の発明は、人間知性の発達の成果であって、それを憎むという心性がまるで無意味なものに思えました。でも、リヴァプールでほんものの紡織機械を見たときに、ラッダイトの気持ちがわかりました。それはまさに「禍々しい顔」をした機械だったからです。システムを停止させるだけなら、資本家たちのオフィスに乱入して、帳簿や書類を破り捨てれば済む。あるいは工場法制定運動を通じて労働者を保護する法整備をすればいい。でも、ラッダイトたちはまず機械に憎しみを向けました。それは機械が生き物の顔をしていたからです。おそらく技師たちは「憎しみを向けることができるほどに擬人化した機械」を無意識のうちに設計してしまったのです。

今僕たちは爛熟した後期資本主義社会にいます。経済システムは想像を絶するほど複雑になり、いったい何のためにこれらのシステムが作動していて、いま何をしているのか、もう僕たちには全然わからなくなってしまった。だから、多くの人はそれを自然過程だと思って黙って受け入れている。気象と同じように、降ったり照ったりする。たまに地震があったり、津波があったりして、そのつど人が傷つき、死ぬ。でも、そこには何の人間的意味もないと思っている。

ところが、この経済システムに「顔」を見た人たちが出て来た。19世紀イギリスのラッダイトたちと同じように、科学技術や金融工学の自然な発展過程、個人の善意も悪意も関与する余地のない自然過程と思われたこの経済システムが「禍々しい顔」をしていることに気づいた人たちが出て来た。人間をただ疲弊させるためだけに働かせ、その労働の果実を収奪し、心と体を傷つけ、ついには殺す「邪悪な本性」を見たと信じた人たちが、このシステムが吐き出す「瘴気《しょうき》」が届かない場所へ逃れ始めた。それが今起きている「地方移住」という動きの文明史的な意味ではないかと僕は思います。

この動きの先駆者たちが何をしようとしているのか、なかなか理解が届かないだろうと僕は思います。あるいはかのラッダイトたちのように、政府や資本主義システムによって、あるいはメディアによっていわれなき非難を受けることがあるかも知れません。でも、イギリスでは、ラッダイトたちの戦いをきっかけにして工場法制定と婦人少年労働の規制のための運動が始まり、それがやがて普通選挙権を求める政治運動につながりました。バイロンとシェリーは、ラッダイト運動を人間を収奪するシステムに対する人間の尊厳と自立を追求するものとみなして、それを讃える詩を残しました。

現代日本の地方移住の運動を僕は「資本主義システムの顔を見てしまった人たち」の逃れの旅のようなものと理解しています。彼らの旅が無事なものでありますように。彼らがいつか約束の土地にたどりつけますように。God speed you.

目次

第1章

脱「経済成長」

グローバル資本主義は終焉する

人間は一日5度も食事できない

グローバル資本主義というシステムが終焉を迎えようとしています。資本主義は人口増と生産技術の進化と経済成長を前提にした仕組みなので、どれか一つの条件が失われれば、終わります。

現代世界では、人口増と経済成長という二つの条件がもう失われつつあります。先進国はどこでも経済成長率は高いところで2%台、だいたい0~1%台に並んでいます。日本はいま0・5%。50年代なかばから73年まで約18年続いた高度経済成長期の成長率は約9%で、その後、安定成長期で約3%の経済成長が91年のバブル崩壊まで続いて、それから今日まで成長しない「失われた」時代に突入しました。これは経済の自然過程であって、もう回復することはありません。

それは経済成長をしている国を見ればわかります。2012年の経済成長率世界1位はリビア、2位シエラレオネ、3位アフガニスタン。2013年の経済成長率世界1位は南スーダン、2位はシエラレオネ、3位パラグアイ、内戦で国民が疲弊しきった国がしばしばこのランキングでは上位を占めています。なぜ内戦やテロで苦しんでいる国が経済成長するのか。考えればわかります。戦争は社会の基幹的なインフラを破壊するからです。

上下水道も電気もガスも交通網も通信網も、医療機関も学校も戦争やテロで壊滅的な被害を受けます。けれども、いま数えあげたものは「それなしでは社会が存続できないもの」です（経済学の用語では「社会的共通資本」と呼びます）。ふつうは、そういったものは政府や地方自治体など公的な機関が責任をもって管理運営する。でも、そういう機関が機能していないとどうなるのか。その場合、人々は身銭を切って、あらゆる手立てを講じて、それを市場で買うしかない。衣食住のすべての必需品をひとつひとつ市場で金を出して買うしかない。買わなければ生きてゆけないからです。だから、公的機関が機能停止し、社会の基幹的インフラが破壊された国で消費活動が活発になり、高い経済成長率を示すという倒錯が起きるのです。

当然、その逆のことも起こります。日本や欧米諸国のような基幹的なインフラが整ってしまった成熟社会では経済成長は鈍化します。上下水道や交通機関がきちんと稼働しており、義務教育は無償で受けられ、誰でも基本的な医療が受けられる社会では、いま着る服があり、次の食事をとるだけの小銭があり、今夜寝るところが確保されていれば、とりあえず生きていける。どこに行っても水道をひねれば水も飲めるし、温水洗浄便座の整備された公衆トイレもある。電車は時間通りに来るし、知りたいことはネットで調べられる。内戦中の国であれば、利用しようと思えば天文学的な金額を用意しなければならないようなインフラの恩恵が成熟社会では無償ないしは安価で安定的に提供されている。だから経済成長が鈍化する。

それほどわかりにくい話ではありません。経済活動とは、ぎりぎり切り詰めて言えば、人間が生きて行くために必要な商品やサービスを交換することです。だから、経済には人間の身体というリミッターがかかる。人間の身体が必要とするものはどんなことをしても手に入れようとするが、人間の身体が必要としないものには「どんなことをしても」というほどには必死にならない。当たり前です。

だから、衣食住の生理的欲求を満たす基本的な制度が整備されると、経済活動は鈍化する。生理的欲求には上限があります。どんなにがんばっても一日の食事は三度までです。五度、六度と詰め込んでもいいけれど、消化器が悲鳴をあげます。一度に身にまとえる服は一着だけです。一時間ごとに上から下までパンツから靴まで取り替えてもいいけれど、そんなことをしていたら他のことをする時間がなくなる。一度に住むことができる家も一軒だけです。一晩のうちにこちらの家からあちらの家へ移動していたら睡眠不足で死んでしまう。人間は身体という限界を超えた消費活動をすることができない。これが経済成長の基本原理です。当たり前過ぎて誰も口にしませんが、これが基本です。そして、経済をめぐる無数の倒錯はこの基本を忘れたせいで起きています。

「貨幣で貨幣を買う経済」に何の意味があるのか？

成熟社会とは「生理的な基礎的欲求がすでに満たされている社会」のことです。ですから、消費活動が鈍化する。それは個人レベルで言えば「ありがたいこと」なんです。けれども経済成長しないと存立し得ない資本主義という仕組みにとっては「困ったこと」です。だから、成熟社会に達した後にさらに経済成長させようとすると、もうできることは限られてきます。

一つは身体というリミッターを外すことです。衣食住の欲求とはもはや関係のないものの売り買いに経済活動の主軸を移すことです。それが金融経済です。

金融経済というのは、もはや人間の身体とは何の関係もない経済活動のことです。そこで人々は金《かね》で金《かね》を買います。株を買い、債券を買い、土地を買い、ダイヤを買い、石油を買い、ウランを買う。これらはすべて貨幣の代用品です。「貨幣で貨幣を買っている」のです。これなら交換はエンドレスです。貨幣はどれほどあっても人間の腹を満たすこともないし、身にまとって暖を取ることもできないし、それで雨露をしのぐこともできないからです。

貨幣はそれを人間の身体を守るものと交換することではじめて人間的な意味を持ちます。ですから、人間が「もう十分に守られた」と思えば、貨幣は運動速度を落とします。けれども、貨幣と貨幣の交換では、貨幣そのものが交換の主体になります。貨幣は「もう十分に運動しました」とは言いません。「もうたっぷり運動したので、止めてください」とは言いません。言うはずがない。人間じゃないんだから。いま取引所で株の取り引きをしているのは人間ではなく、コンピュータのアルゴリズムです。数式が1000分の1秒単位で株の売り買いをしています。株取り引きのプレイヤーはもう個人ではなく、機関投資家であり、その内実は数式です。

経済活動の主体を人間から人間でないものに移せば、経済はまだ成長するかも知れません。でも、その経済活動はもう人間とは関係のないものです。機関投資家にお金を預けている一握りの超富裕層はクレバーな投資行動を通じて天文学的な個人資産を積み上げるかも知れませんが、個人口座に100億ドルの残高があっても、それほどの額になるともう生身の人間には使い道が思いつかない。日替わりで自家用ジェットに乗るような無意味な蕩尽ならできるかも知れませんけれど、そのような消費活動はもういかなる人間的意味をも生み出さない。経済活動がいかなる人間的意味をも生み出さないとしたら、それは言葉の厳密な意味での「経済活動」とはもう呼ばれません。経済というのは、親族制度や言語と同じく、人間と人間の間の「コミュニケーション」のために人類がその黎明期に発明した制度だからです。「人間抜きの経済活動」というのは、「人間抜きの親族制度」とか、「人間抜きの言語活動」というのと同じく、意味のない空語です。でも、これから先も経済成長を続けようとしたら、そのような空語のうちに呑み込まれるしかない。

教育、医療、治安を商品化してはいけない

もう一つ、成熟社会において経済成長を無理強いする手立てがあります。それは「成熟社会」を再び「未成熟社会」に戻すことです。人々が生きて行く上で必要なものを、誰にも頼らず自力で手に入れるしかない社会にもう一度戻せばいい。「中世化」と言ってもよい。そうすれば消費活動は活性化します。

成熟社会を破壊する一番簡単な方法は「戦争をすること」です。社会の基幹的インフラを全部壊す。鉄道を壊し、道路を壊し、通信網を壊し、ダムを壊し、水道を壊し、病院を壊し、学校を壊す。そうすれば、もう一度全部はじめから作り直さなければなりません。内戦中の国ばかりが経済成長率の上位を占めているのは、そのせいです。「それなしでは人間が生きてゆけないもの」はたとえ未来を捨て値で売り払っても、いまここで手に入れなければならない。

そこまで極端ではないソリューションがあります。「準・中世化」と呼んでも

いい。これまで誰もが等しく受けられた公共サービスを商品化するのです。「それなしでは人間が生きてゆけないもの」を全部商品にして市場で売り買いするようにする。自然環境、上下水道、交通通信網、電気、ガス、教育、医療、治安、消防……そういった制度資本を僕たちはいま無償あるいは安価で享受できています。それらは公共的に管理されていて、基本的には私有できないようになっている。大気を私有するとか、水源を私有するとか、道路を私有するとか、警察を私有するとか、そういうことをして利用者に課金するということは、いまは許されていません。

前にボリビアで水道を民営化して、飲み水に課金したことがありました。当然ながら、水道会社は水道料金を引き上げました。あまりに上げ過ぎて、最終的に水道料は平均的な労働者の月収の25%に達しました。人々は怒って、大規模な「水よこせ」デモを行い、多くの死者が出ました。『007　慰めの報酬』の元ネタはこの事件です。

本来私有すべきでないものを私有できるようにする。それが「準・中世化」シフトです。近代市民社会というのは、人間が生きる上で必要なものは公共的に管理して、すべての市民が等しく享受できるようにすることで成立したわけですけれど、これを否定して、「それなしでは生きてゆけないもの」についても「受益者負担」の原則を適用して、「欲しければ金を出せ」というルールに切り替える。教育と医療については、もうすでにその「準・中世化」への切り替えは始まっています。

公共サービスの基本原理は、遊牧民の「歓待のルール」であるべき

富裕層は良質な教育や良質の医療や良質の治安を享受できるが、貧乏人にはそれは与えられない。それは実際にいまアメリカで起きていることです。ジョージア州フルトン郡にサンディスプリングスという街があります。この街には富裕層が多く住んでいました。彼らは自分たちの納めた税金が貧困層のための行政サービスに投じられるせいで、自分たちが「割を食っている」と考えました。そして、住民投票で郡から「独立」したのです。行政を徹底的に合理化し、警察と消防を充実させた。そのせいで市民たちは大幅な減税の恩恵を受け、かつ快適な住

環境を手に入れることができました。でも、その代わりに、税収が激減したフルトン郡の残りの地域では、病院や学校が閉鎖されて生活レベルが一気に下がり、電気代節約のために街灯が消されて治安が悪化しました。サンディスプリングスの市民たちはフルトン郡の自分たちの街以外の住民が享受できる公共サービスの質が劣化したのは自己責任だと言います。教育も医療も治安もただで手に入ると考えるのは虫がよい。欲しければ金を出せ、と。

そして、公共サービスは「商品」であり、自分の財布から金を出して買うものであり、金がないものは教育も医療も警察も消防も劣悪な環境を甘受すべきだというサンディスプリングスの考え方に実際に多くのアメリカ人が賛同しました。この先例にならって、貧困地域を含む行政区画からの「独立」をめざす富裕層たちの運動がいまはアメリカ全土に拡がっています。

同じ流れは日本でも見ることができます。医療や教育はもう税金では維持できない、だから「受益者」に自己負担させせろという声はすでに政府部内でもメディアでも日に日に大きくなっています。しかし、もともと社会福祉や健康保険や年金制度は国民の傷つき、飢え、病み、老いる生身の身体に対する支援です。でも、これを「商品」だと思っている人たちがいる。彼らは、欲しければ自分の財布から金を出して自分で買え、金がなければ諦めろと平然と言い放つ。たしかに、新しい時計や流行の服が欲しいという人が「買ってくれ」と言ったら、「自分の金で買え」と誰でも答えるでしょう。でも、路頭に迷ったり、病に苦しんでいる人が求めているのはそういうものではありません。生身の身体に対する支援は原理的には無条件のものです。それを商取引のルールで律することはできない。そういう基本的なことがわかっていない人が「受益者負担」を口にするのです。

前に村上龍がエッセイで書いていたことですけれど、テレビクルーと一緒にアフリカでパリ・ダカール・ラリーを取材に行ったとき、日本人スタッフの一人がミネラルウォーターのボトルにサインペンで自分の名前を書いた。それを見た現地スタッフが「こんな人間とは一緒に働けない」と言い出した。日本人の側はその抗議の意味がわからなかった。「砂漠では水は生き死ににかかわるたいせつなものだから、サインペンで私物であることを示した」という日本人の言い分に対して、現地の人たちは「砂漠では水は生き死ににかかわるたいせつなものだから、私有することは許されない」と述べたのだそうです。僕はこれは現地人の言い分に理があると思います。

遊牧民の倫理は、荒野をさまよう異邦人が幕屋を訪れ、一宿一飯を求めて来たら絶対に断ってはならないと命じています。それは博愛主義からではありません。遊牧民たちは高い確率で彼ら自身が飢え、渇き、異郷をひとりさまようリスクを負って生きています。ですから、荒野で出会った幕屋の主人がたまたま「気前のいい人」であれば命が助かるが、そうでなければ死ぬかもしれない（死んだら自己責任）というような危険なルールを採用するわけにはゆかない。公共サービスの基本原理は発生的にはこの遊牧民の「歓待のルール」と同じものです。「それがなければ生きてゆけないもの」は無条件で提供しなければならない。

さらなる経済成長を望めば「中世」に退行してしまう

現代日本人は公共サービスについて、「受益者負担の原則」を言い立てていますけれども、そこで求められているものが「生き死ににかかわるもの」なのか、

「生き死ににかかわらないもの」なのかは厳密に識別しなければなりません。医療や教育や治安や公衆衛生のようなものは、商品として売り買いするものではありません。共同体が存続するために必須のものだからです。そういう制度は公共的に整備し、管理運営すべきもので、市場に委ねるものではありません。

勘違いして欲しくないのですけれど、僕は別に博愛主義的な立場からそう言っているわけではありません。きわめてクールでリアルな話です。共同体が存立するために不可欠のもの、自然環境、社会的インフラなどの社会的共通資本は、政治イデオロギーとも市場経済とも無関係に、非情緒的かつテクニカルに制御されなければならない。当たり前のことです。

大気や、水源や、道路や、警察を私有して、それを使いたい人には課金する。金がない人は空気を吸うな、水を飲むな、道路を使うな、警察を当てにするな……そういうロジックが成立しないことは誰でもわかります。医療や教育だってそうなのです。

もし、医療を商品として、公的な健康保険制度を廃止して、すべての診療を自由診療にしたらどうなるか。金のある人は最高の医療技術を持った医師たちによって、最高の医療を受けることができる。金がない人は受けられない。金がなくて十分な医療が受けられなくて死ぬのは自己責任だ。そういうことになるでしょう。現に、アメリカではもうそういうロジックの方が優勢になっていますし、日本でもそうなりつつあります。

でも、医療の商品化とは、医療の「中世化」に他なりません。アメリカではすでに腕のいい医師たちは高額の報酬を求めて、富裕層向けの私立病院に移籍し、保険が使えるハードワークでかつ低賃金の医療機関には腕の悪い医師や看護師しか集まらないという医療資源の二極化が始まっています。いずれ、腕のいい医師たちは、超富裕層の個人的な「侍医」に就職して、最高の環境で、高額の報酬で、医療行為をする方がさらに費用対効果のよいキャリアだということに気づくでしょう。

そのことの何が問題なのかと言う人たちは、医療者の倫理を規定した「ヒポクラテスの誓い」というものがあることをたぶん知らないのでしょう。「ヒポクラテスの誓い」は、医療者は患者が貴族であっても奴隷であっても、施術の内容を変えてはならないと明記しています。それが古代からの医療者の基本原則だったのです。そこに医療の本質があります。考えれば当然のことです。危険な感染症の患者を「貧乏人だから」という理由でそこらに放置して、金持ちの風邪をまず治療するというようなことは公衆衛生の観点からも許されないことです。集団として生き延びたいからこそ、医療技術や医療資源について、先人たちはこれは金で売り買いするものではなく、「いますぐ手当を要する」という緊急性以外のいかなる基準も適用しないということを定めたのです。

学校教育も同じです。限りある教育資源を「金で買える人間」に優先配分するということを許したら、いずれ教育のあるなしが社会的差別化の重要な指標になる。教育のある人間だけが社会的上位を占め、教育のない人間は下層に追いやられる。そうやって教育資源が富裕層にだけ排他的に蓄積されれば、いずれその社会は全体としては無教養になります。文字が読めない、四則計算ができないという貧困層に対して、教養ある上位層は圧倒的な支配力を行使することはできるでしょうけれど、そういう社会から知的なイノベーションが起きるということはもうありません。「中世化」というのはそういう趨勢のことです。

僕たちの社会は、いままさに「ポスト・グローバル」というかたちで近代以前に向かって退行している。それもこれももう成熟して、経済成長の余地のないところに経済成長をもたらすという不可能な夢を見ているからです。人間が生きて行く上でそれなしでは済まされないものに値札をつけて、市場で売り買いすれば、消費活動が活性化し、経済がまた成長するという倒錯的な夢を見ているからです。経済成長が止まった社会でなお無理に経済成長を続けようとしている人たちは、それが中世への退行であるということに気づかないほど狂っているのです。僕はそう言い切っていいと思います。

第2章

「山河」を守る

「成長」から「定常」へシフトせよ

江戸幕府の統治原理は「定常」

日本には世界に誇れる豊かな資源があります。それは豊かな山河です。日本は世界屈指の森林国です。日本の森林率は68%。これはフィンランドの74%、スウェーデンの69%に次いで、先進国では世界3位です。イギリスが12%、中国23%、フランス30%、ドイツ32%、アメリカ33%、ロシア49%。「森に覆われた国」という印象のあるカナダでも38%、ブラジルで59%ですから、日本の68%がいかに突出した数字かわかります。

文明の発達と自然破壊は並行して進みます。かつてペロポネソス半島を覆っていた森は、製鉄技術の開発によって伐採し尽くされました。いまは岩山にオリーブの木がちらほらと生えているだけになってしまった。ヨーロッパでも新大陸でも、人々はヒステリックなまでに森を拓き、木を切り続けました。かつてロビン・フッドが隠れたシャーウッドの森もノッティンガム炭鉱の採掘のため伐採されて姿を消しました。

その中にあって、なぜ日本の自然だけが例外的に守られたのか。それについてジャレド・ダイアモンドが『文明崩壊』で興味深い考察を行っています。

日本でも戦国時代には築城や製鉄のために、はげしい自然破壊が行われました。16世紀なかばに森の四分の一が伐採され、日本中に禿げ山が拡がりました。しかし、17世紀半ばに江戸幕府は画期的な森林保護政策を打ち出します。森林乱伐が山の浸食を進め、流出した泥が川底に沈澱し、それが洪水の原因となることにつよい危機感を抱き、森を守ることを厳命したのです。天領でも大名の領地でも、森林開発を規制する精密な管理システムが整えられました。どの地域にどのような種類の樹木が何本あるか、いつ収穫可能かを詳細に記した目録が作成されました。この江戸時代の森林保護のおかげで、日本は世界でも例外的な（ダイアモンドによれば唯一の）森林保全に成功した国になったのです。

この森林保護政策が可能になったのは、いくつか理由があります。一つは、江戸時代の人口が250年にわたって2600万から2700万人程度でほぼ一定していたこと。有限の自然資源を持続可能な仕方で消費する仕組みを持っていたこと。鎖国していたこと。国内が300の「国」に分割されていたために、「国境」の障壁によって商品や人の流通が抑制されて貨幣経済が発達しなかったこと。

江戸時代の統治原理は「定常」です。「成長」ではありません。子の代も孫の代も、百年後、二百年後を生きる子孫までも、いまの自分と同じ土地で、同じような生産様式で、同じような生活文化を営んでいることを前提にした社会を設計したのです。それが森を守った。

日本の「自然環境」はプライスレス

レヴィ＝ストロースはかつて直線的な時間軸上に成長進化する社会を「熱い社会」、四季の変化を愉しみながら、円環的な時間の上に流れる変化のない社会を「冷たい社会」と呼ぶことを提唱しました。レヴィ＝ストロースがブラジルのマトグロッソで観察したインディオたちは新石器時代と変わらない穏やかな生活を営んでいました。人間の成長と老衰、四季の移り変わり、季節毎の祭祀、集団内での財貨の儀礼的な交換などによって彼らはある種のリズミカルな変化を経験していますけれども、それはあくまで回帰的な変化であり、一周するとまたもとに戻ります。そこには歴史的な直線的な変化はありません。

「冷たい社会」は「自ら創り出した制度によって、歴史的要因が社会の安定と連続性に及ぼす影響をほとんど自動的に消去しようとする」からである（クロード・レヴィ＝ストロース『野生の思考』、大橋保夫訳、みすず書房、1976年、280頁）。

江戸時代の日本社会を観察したら、おそらくレヴィ＝ストロースはこれを「冷たい社会」とまでは言わなくても、「ぬるい社会」くらいの形容は与えたでしょう。狂躁的な経済成長とテクノロジーの進化と自然破壊に突き進むヨーロッパと、時間が止まったままのマトグロッソのインディオたちの文明的な静止の中ほどの「いい湯加減」の社会として、江戸時代の日本にレヴィ＝ストロースはそれなりに高い評価を与えたのではないかと僕は思います。

レヴィ＝ストロースによれば、地球上に有史以来出現したすべての社会集団は（そのサイズにかかわらず）、それぞれ固有の仕方で、人間とは何か、人間にとって世界とは何かについての判断を有し、固有の倫理に従って生きてきました。その中のどれか一つだけが人間的に正しく、残りは人間として誤っているとして退ける権利は誰にもありません。

社会は一直線に成長と進化の歴史的過程を歩むはずだという信憑もまたヨーロッパ人という「種族」に固有の「民族誌的偏見」に過ぎません。ヨーロッパ人の世界観は、インディオやアボリジニの世界観と権利上は同等である。レヴィ＝ストロースはそう言い切りました。

「それらの社会にせよわれわれの社会にせよ、歴史的地理的にさまざまな数多の存在様式のどれかただ一つだけに人間のすべてがひそんでいるのだと信ずるには、よほどの自己中心主義と素朴単純さが必要である」（同書、２９９頁）

少なくとも１５０年ほど前までの日本列島の住民たちは、固有の「存在様式」を持ち、その中で緩慢な歴史的時間を刻みながら暮らしていました。それは清朝の中国人や李氏朝鮮の朝鮮人たちと、それほど変わりません。そこにヨーロッパ人が押し寄せてきて、アジアの人々はほとんど暴力的に「熱い社会」の狂躁的な進化と成長の運動に巻き込まれた。

そういう文明史的な長いタイムスパンの中でとらえるならば、「成長の終わり」を迎えたときに、僕たちにどのようなオルタナティブがあるのか、それが少しは見えてくるのではないかと思います。日本には、豊かな山河という世界でも例外的なアドバンテージがあります。多様な植生に恵まれ、さまざまな動物種が繁殖し、きれいな水があふれるように流れ、強い偏西風がよどんだ大気を吹き払ってくれる。日本のこの自然環境は「プライスレス」です。

経済成長（フロー）が止まっても、潤沢な資産（ストック）は残る

経済の話をするとき、エコノミストはみんな「フロー」の話しかしません。日本が有している分厚い「ストック」については語らない。しかし、この豊かな山河という「ストック」はそもそも金をいくら積み上げてもどこからも誰からも買うことができないものなのです。

例えば、日本では飲料水はいくらでも湧き出ていますけれど、これは飲料水をマレーシアからパイプラインで輸入し、海水の淡水化や下水道水浄化プラントに巨額の国家予算を投じているシンガポールからすれば信じられないような巨大な資産です。でも、日本人自身は、自分たちがそれほど豊かな資産を享受していることを自覚していません。

「日本人は水と安全はただだと思っている」という定型句でよく言われる治安もそうです。銃による犯罪が日本ではほとんど起こりません。２０１３年、日本では銃による死者は年間６人、２０１４年も６人です。同じ年アメリカでは３万３０００人が銃で死んでいます。20年間で鳥取県ひとつが銃によって消滅している勘定です。

殺人発生件数も日本は世界最低レベルです。10万人あたりの殺人発生件数は０・31。先進国で日本より安全なのはシンガポールくらいです。このレベルの治安を仮にアメリカやメキシコやブラジルで実現しようとしたら天文学的なコストを要することでしょう。国家予算の数十年分を投じても日本レベルの治安は買えません。

それだけの資産がとりあえずここにある。その他に、観光地もある、温泉もある、神社仏閣もあるし、伝統芸能もある、食文化も世界最高レベルです。国民的な「ストック」は潤沢にある。けれども、経済成長論者が日本の「ストック」のありがたさに感謝する言葉というものを僕は聞いた覚えがありません。彼らはこれの価値をあっさりゼロ査定した上で、「フローがない。カネがない。このままでは日本は終わりだ」と騒ぎ立てる。

日本がほんとうは豊かな国であること、この資源を国民全員がフェアにわかち合い、使い延ばしてゆけば、まだまだ百年二百年は気分よく暮らせるという事実を彼らはひた隠しにします。経済成長が止まったら、すぐにでも国が滅びるというような悪辣《あくらつ》な煽りを続けている。だから、原発は再稼働する、社会福祉は切り捨てる、雇用条件は引き下げる、リニア新幹線は通す、カジノであぶく銭を稼ぐ……といった姑息な「金儲け」をしなければ、国家の存亡にかかわるというようなことを言う。

アラームを聴きとった若者が都市から逃げ出している

経済成長論者が「理想の国家」としてよく引くのはシンガポールです。それはシンガポールが「経済成長」を国是とする国だからです。シンガポールでは、社会制度のすべては経済成長に資するか否かを基準にしてその適否が判定されます。だから、1965年の独立以来、事実上の一党独裁です（81年までは与党人民行動党が全議席、直近の2015年の総選挙でも野党は89議席中6議席を得たに過ぎません)。治安維持法があり、反政府的な人物は令状なしで逮捕拘禁されます。労働運動も学生運動もありません。反政府メディアもない。すべての社会制度がグローバル資本主義に最適化すべく設計されているから、「世界で一番ビジネスがしやすい国」と評価されている。

安倍政権は間違いなくシンガポールを一つの理想としています。けれども、シンガポールが経済成長を国是に掲げざるを得ないのは、国民資源がほとんどゼロに等しいからです。飲み水から食糧からエネルギーから、集団が生きてゆくために必要なものはいずれも金で買うしかない。金の流れが止まった瞬間に、文字通り、国民は飲むものも食べるものもなくなるのです。だから、経済成長が最優先する。それを阻害するなら、民主制も立憲主義も言論の自由も、すべて否定する。これはたしかにシンガポールについては十分合理的な判断です。

けれども、日本にシンガポールを模倣する必然性があるのでしょうか。豊かな自然を汚染し、治安を悪化させ、戦争経済に前のめりになり、それによって「金回りが良くなった」とうれしがる人間のために、国民全員の貴重な資産であるこのストックを汚す必要がどこにあるのか。

これからの日本はかつて経験したことのない人口減、高齢化局面を迎えます。その未曾有の危機的状況に臨んで、貴重な国民資源を捨て値で叩き売っても当期利益の増大をはかるのか、それともこの山河を守る定常的なシステムを衆知を集めて設計するのか、重大な国民的決断のときを迎えようとしていると僕は思います。

いま、若い人たちが都市からの脱出に関心を寄せているのは、この「終りつつある資本主義」に見切りをつけた直感的な行動だと僕は見ています。別に田舎に行けば「何かすばらしいこと」があると思っているわけではない。「危険が迫っている」というアラームを聴きとった人たちが都市から逃げ出している。

アラームを聴きながら、それでも田舎暮らしに踏み出せない人たちの最大のネックは仕事です。地方移住した後に、どんな仕事に就けるかわからない。生活を支えられるほどの収入があるかどうか。

たしかに、ビジネスマン的な発想のままでは、地方での仕事はうまく想像できないと思います。どこに住もうと、右肩上がりの年収増を期待したり、収益の増大や生産性の向上をめざしたりすれば、必ずそこに株式会社的な発想が入り込んできます。そして、コストカットや組織マネジメントのことを考え始めたら、またもとの資本主義マインドに戻ってしまう。

株式会社にいたときに身体にしみついた成長モデルを地方での生活にあてはめてはならない。都市から脱出する以上、資本主義の常識はいったん棄てる必要があります。「脱都会」は同時に「脱市場・脱貨幣」経済へのシフト、「成長モデル」から「定常モデル」へのシフトを意味しています。

第3章

国家の「株式会社化」

サラリーマンマインドを捨てよ

いまの議員は党執行部の指示に完全服従する「イエスマン」

安倍政権以後、政治過程の株式会社化が急速に進行しています。国会が機能していない。官邸が用意する法案が、ほとんど実質的な審議がないままに国会を通過しています。野党がどれほどつよく反対する法案でも、委員会では強行採決され、本会議でもセレモニー的な賛否の論のあと、機械的に多数決に付される。重要法案であればあるほど、審議らしい審議がなされていない。

この2年ほどの国会審議を見ていると、誰もが「もう国会は国権の最高機関ではないし、国民の代表が衆知を集めて国のかたちを議する場でもない」という印象を持っていることでしょう。国会は審議の場ではなく、日本が民主主義国家であり、立憲政治が行われているというアリバイ作りのための「政治ショー」の場に過ぎない。

でも、この立法府の形骸化は、ある程度までは意図的に作り込まれたものです。典型的なのが国会議員たちが本会議中にだらしなく居眠りをしていたり、スマホの画面を見ていたりする「怠業」の画像が規制なしに流出していることです。国会議員が「ろくに仕事をしていない」という印象操作のために、なぜか左翼のメディアも保守系のメディアも一致協力している。メディアが次々に伝える国会議員たちの醜聞も、収賄だとか、公金を遊興に流用するとか、不倫だとか、「資質を疑わせるもの」ばかりです。ニュースを見て「国会議員になると人間は堕落するのだ」と思う人はたぶんほとんどいないでしょう。そうではなくて、「もともと見識もないし、倫理的でもない人間ばかりが国会議員になるのだ」という印象を僕たちは日々刷り込まれている。それはたしかに一面においては真実かも知れません。有権者は虚無的になる権利がある。けれども、同時にこのことは政党執行部が「ろくでもない人間」ばかりをあえて候補者に選び続けてきたという事実の結果であるということを忘れてはなりません。

いまもし日本で行われているのがその語の本来の意味での「政党政治」であるならば、政党執行部は、高い政治的見識を持つ人物、人格的にすぐれた人物、廉潔な人物を選ぶはずです。議員ひとりひとりの個人的力量の総和が政党の「力」になるというふうに考えていれば、そうなるはずです。けれども、実際にはそうなっていない。

執行部が求めている議員の第一条件は、執行部の指示に完全服従する「イエスマン」であることです。自分の頭で考えて、自分の倫理に従って行動する政治家など誰も求めていません。うかつに政治的実力があり、自前の政治的信念を持ち、自前の組織があるので、仮に政党の公認がなくても当選できてしまう政治家が、政党執行部からすれば一番始末に負えない。そういう「コントロールしにくい議員」をできるだけ減らすこと、これは自民党から共産党まで、すべての既存政党に共通する「マネジメント」の基本方針です。

だから、いまの政党はどこでも立候補者を「オーディション」で選ぶようになりました。執行部のお眼鏡にかなった人物をしかるべき選挙区に送り出し、資金も組織もすべて党が用意する「党営選挙」です。その結果、「個人の実力だけではおそらく一生かけても国会議員になれないような人間」が次々と国会議員になれた。そうすることによって政党は「執行部の指示に決して反抗しない（反抗したら公認取り消しをされて次の選挙で落選する）国会議員」を大量に手にしました。そういう制度設計に同意した政治家たちはおそらく、「イエスマン」だけで構成された組織は管理コストが安く済むので、効率的で、生産性が高く、戦闘力も高いと信じているのでしょう。

けれども、イエスマンだけで構成された組織、上意下達で、すべてがトップの指令一つで動く組織が資本主義社会で好まれるのは、ビジネスが本質的に「時間との競争」だからです。Time is money.

行政が「株式会社」をモデルにするのは変である

経営方針の決定に組織全体での気長な議論とていねいな合意形成を要するような企業は、この生き馬の目を抜く資本主義社会では競争に勝ち残ることができません。少なくとも資本主義のプレイヤーたちはそう信じています。そう信じている人ばかりになったので、日本の社会集団はいつのまにかすべてが株式会社のようなものになりました。行政も、医療も、学校も、別に「金儲け」のために存在するのではない機関までも、すべてが株式会社をモデルにして制度を作り直すことを求められるようになった。それに誰も反論しなかった。

少し前に、大阪の府知事だった人物が行政機関に向かって「民間ではありえない」という批判を加えたときに、「行政は住民に定常的なサービスを持続的に提供するためのものであって、株式会社のような『右肩上がり』モデルに準拠してこれを作り直すことには無理がある」という反論をした人はどこにもいませんでした。「組織がトップダウンであること。組織方針の決定にできるだけ時間をかけないこと（可能であればゼロにすること）」というルールが適用されてもよい組織もあるが、適用されるべきではない組織もある、ということを述べた人は、僕の知る限り、一人もいませんでした。メディアに登場した識者たちも「組織がトップダウンであること。部下は全員イエスマンであること。組織内の合意形成に時間をかけてはならない」という命題に（あまり深く考えることなく）頷いてみせました。

なぜ「こんなこと」が起きたのか。事態は深刻ですけれど、そうなった理由はそれほど複雑ではありません。

理由は端的に産業構造の変化です。産業構造の変化によって、日本人のほとんどが株式会社という組織でしか就労経験がないという時代になったから、「こんなこと」になった。

サラリーマンにとって「社会」というのはそのまま「会社」のことです。「社会に出る」というのは「会社に入る」ということです。株式会社以外の組織、金儲け以外の目的のために設計された制度がこの世には存在する（存在するどころか、人類史上のほとんどの時代、人間たちは「金儲けのために設計された制度」ではないところで一生を過ごしていた）ということを現代日本人はもう知りません。だから、「こういうこと」が起きてしまう。

僕が子どもだった1950年代、日本の人口の50％が農村地域に居住し、全世帯の50％が（兼業を含めて）農業を営んでいました。2016年の農業人口は190万人。全人口の1・5％に過ぎません。

いまからほんの数十年前の、人々の多くが農村に暮らし、村落共同体の組織原理を内面化していた時代、人々の最優先課題は「来年も今年と同じように過ごせること」でした。来年もまた、今年と同じような生産環境の中で、同じような生産技術を用いて、同じような収穫を確保し、同じような祭祀や儀礼を守る。飢えや収奪に耐えて、なお定常的であることが生きる上での最優先課題でした（というより、それだけ「定常的であること」さえもが困難だったのです）。

農村共同体では意思決定する場合には時間を惜しまずに熟議を凝らしました。「時は金なり」などということを言う人間はいなかった。というのは、農村では、時間は作物の育成に要する時間を基準にして計られるからです。土を耕し、種を蒔き、太陽と雨が植物を育てるのを見守り、収穫の秋を待つ。そういう植物的な時間のうちに人々は暮らしていた。そういう時代に「トップダウンだ、スピード感だ、突破力だ、即断即決だ、イノベーションだ」というようなことを言う人間はいませんでした。

その村落共同体の意思決定システムをモデルにして日本の政党政治は設計されていました。１９８０年代まではそうでした。ですから、「根回し」とか「談合」とか「待合政治」というような泥臭い手間暇のかかる合意形成プロセスが主流だった。「村落共同体をモデルにした民主主義」が日本の民主主義だった。それを誰も怪しまなかった。

けれども、いつの間にか村落共同体も、都市に残っていた地域共同体もなくなった。気がつけば、ほとんどの日本人は営利企業の従業員になっていた。そして、株式会社の生理をわがものとして深く内面化することになった。

株式会社の生理とは一言で言えば「右肩上がり」のことです。「Grow or Die」を社是に掲げた経営者がいました。「成長か死か」。彼の脳内では「定常的であること」はすでに「死」に同定されていたのです。その社是を怪しむことなく日々唱和する社員たちがおり、この経営者に「私の履歴書」を書かせて、日本社会はいかにあるべきかの指示を仰ぐメディアがある。そういう人がいるのは構わないです。けれども、「世の中、そればかりではないだろう」と異議を立てる人がどこにもいないというのは変です。

僕たちの時代が倒錯しているのは、株式会社というかなり奇妙な成り立ちの組織（それは18世紀のイギリスで誕生し、たかだか250年の歴史しか持っていません）がいつの間にか社会制度のモデルの地位に上り詰め、あらゆる組織は株式会社に準拠して制度設計されなければならないという臆断が「真理」のように語られているからです。本気でそう信じている人がいることは別に不思議ではありません（どんなものでも信じる人はいます）。でも、本気でそう信じている人ばかりで世の中が埋め尽くされていることを誰も「変だ」と思わないとしたら、それは「変」です。

国会は「シャンシャン株主総会」

政党も株式会社化しました。いつのまにか、そうなっていた。日本の民主主義が「こんなこと」になってしまったのは、別に誰かが邪悪な意思をもって陰謀を計画したからではありません。政治家たちのほとんど全員が「政党組織もまた株式会社に準拠して運営されなければならない」と信じるようになってしまったからです。

株式会社の場合、経営方針を決定するのはトップひとりです。そこにすべての権限も情報も集中します。経営者が経営方針の適否について、いちいち従業員たちを集めて、その意見を聴き、彼らの合意に従って経営方針を決める「民主的な」企業などというものはこの世に存在しません。とりあえず、経営者には期間限定ではありますけれど、全権が委ねられています。株式会社には、行政府だけがあって、立法府も司法府もありません。原理的には独裁です。そういうことが許されているのは、独裁者のさらに上に、「マーケット」という最高審級が君臨しているからです。

どれほど独裁的なワンマン経営者であっても、採択した経営方針が誤りであれば、ただちにマーケットが審判を下して、プレイヤーの資格を剥奪されます。経営判断の誤りは、商品が売れず、売り上げが立たず、株価が下落するというかたちであっという間に顕在化します。マーケットは間違えない。これは企業経営者の全員がそれを唱えることなしにはプレイに参加できない「信仰告白」の言葉です。

ジャンクな商品を法外な価格で売りさばいても、それを選好する消費者がいる限り、それは「正しい」経営判断だったのであり、どれほどすぐれた商品を適正価格で提供しても、消費者の欲望を喚起できなければ、それは「間違った」経営判断だったのである。そういうルールを現代日本人は深く内面化しています。そして、それがそのまま政治プロセスにも反映している。

いまの政治家たちは首相を「社長」に、官邸が打ち出してくる政策を「新商品」に、次の選挙での得票を「売り上げ」に、その結果得られる議席占有率を「株価」に擬して考えています。司法府は「法務部」で、立法府は「株主総会」です。株式会社をモデルにして政治過程を考えたらそういうことになります。

株主総会はたしかにステイクホルダーたちの総意を集めて、経営の成否について議するはずの場であるけれど、現実には、あらゆる経営者はそれが「シャンシャン大会」で終わることを切望しています。経営者側の提案について一切の反論がなされず、審議時間を限りなくゼロに近づけることにすべての企業の総務部の手腕はかかっている。いま書いたこの文の中の「株主総会」を「国会」に、「経営者」を「政府」に、「総務部」を「国対委員長」に置き換えると、これがそのまま現代日本の議会政治についての記述になっていることがわかるはずです。

株主総会は「法律上は大きな権限を有しているが、できればそこでは何も実質的な議論がなされず、すべてが拍手のうちに終わることが望ましい場」です。サラリーマンマインドが骨の髄までしみこんだ現代日本の政治家たちは、国会をおそらくはそのようなものとして観念しているのでしょう。だから、国会ではできるだけ審議がされないことが望ましい。これが官邸サイドからの要求です。それゆえ、与党議員たちにとって、次の選挙で公認を得るためには、「できるだけ国会で審議されないように努力する」ことが最優先の任務になる。国会の存在意義を空洞化することに功績のあったものから順に公認を受けて、国会議員になる。

この仕組みの不条理さに議員たち自身がまだ気づいていない。現に、国会審議は「茶番」だということを悪びれることなく言い放った人間が与党議員の中にいました。彼自身は官邸の「本音」を代弁してやったのだから、これで官邸の「覚え」がめでたくなったはずだと思っているのでしょう。自分たちが「茶番の登場人物」であることを公言し、有権者たちに「国会はもう機能していない」という絶望的な評価を与えることによって、彼らは国会の次の議席を保証される。立法府の威信の低下とその形骸化に効果的に寄与したものが優先的に立法府に議席を得る。そういう悪魔的な仕組みがもう久しい以前から作動しています。

けれども、これも与党議員たちが自分たちのことを「サラリーマン」だと考えていれば当然のことなのです。立法府の威信を低下させることは、立憲主義では、そのまま行政府の威信の増大を結果する。だから、立法府の威信低下に功績のあったものは、当然ながら行政府の長である社長からの「褒賞」を期待することができる。それが次の党公認であり、大臣のポストです。

日本は「独裁制」に向かっている

立法府の威信低下と形骸化によって、「国権の最高機関」は立法府から行政府に移行しました。首相が先般、国会で「私は立法府の長である」という失言を犯しましたけれど、フロイトを引くまでもなく、これは彼が「自分は立法府の長である」と無意識的には確信していることを露呈したに過ぎません。

行政府が立法府・司法府の上位にあって、その二つの機能を事実上代行しうる政体のことを「独裁」と呼びます。勘違いしている人が多いけれど、独裁体制というのは、革命やクーデタによってはじめて成立する政体ではありません。立法府がその威信を失い、国民から「機能してない」とみなされた時点で、自動的に独裁体制は成立します。ヒトラーのドイツも、ムソリーニのイタリアも、ペタンのフランスも、どこでも立法府が「われわれはもう議論を通じて国民的合意形成を果すことができなくなった。よって緊急避難的に行政府に全権を移管する」と民主的に議決したことによって成立した政体です。国会が合意形成機関としての無能、指導力とヴィジョンの欠如を認めたときに、民主制は居抜きで独裁制に移行する。

多くの人が誤解しているようですが、民主制と独裁制は対立概念ではありません。独裁制の対立概念は民主制ではなく共和制です。共和制とは、一時的な熱狂や人気で、国の根幹にかかわる政策が変更されないように、つまりなかなかものごとが決まらないように設計された政体のことです。

民主制と独裁制は対立概念ではありませんし、矛盾するものでもありません。民主制から独裁制へはシームレスに移行することができます。そのためには、行政府が次々と政策を成功させ、国民的な評価を得ることなど求められてはいません。民主制から独裁制への移行に必要なのは立法府の威信の低下です。それだけで十分なのです。

現に、いまの日本では政府はほとんどの政策に失敗しています。外交でも内政でも重要政策はほぼすべてが「無残な失敗」と「ぱっとしない成果」間のどこかに位置づけられる。けれども、それはせいぜい行政府は「無能」であるという程度の評価しかもたらしていない。「政府広報」化したマスメディアでしか政治を知らない人々の中には、政府はすべての政策に大成功していると信じている人々さえいます。けれども、立法府に対していま国民が抱いている印象は「無能」というような生やさしいものではありません。「無意味」です。「無能」という評価には、もっと能力を発揮して欲しいという人々の願いが込められています。けれども、「無意味」はそうではありません。それは国会なんかなくなっても誰も困らないという意味です。現に、そういうふうに世論が形成されつつある。官邸は全力を尽くして、国会審議というものがいかに無意味なものであるかを国民に誇示しようとしており、その戦術は着々と成果を収めつつある。

立憲政治と民主主義が生き残るためには、ですから、国会が機能しているということを具体的に示すしか手立てがないのです。別に僕は国会審議を通じて、すばらしい政策が次々と実現することなど期待しているわけではありません。そうではなくて、国会審議があるせいで、官邸の出す法案が簡単には通らないこと、ものごとが簡単には決まらないことを望んでいるのです。国会が「共和制」の最後の砦になることを望んでいるのです。

第4章

「定常経済」と「贈与」

先人の資産を次世代へパスせよ

人口3000人の村で27軒の飲食店が潰れないのはなぜか？

脱資本主義的な経済はどういうかたちのものになるのでしょうか。とりあえず小さいスケールの地域共同体を核にしたもの、と僕は予測しています。いま手元にある資源をたいせつに守り、次の世代に手わたしてゆくことだけを目標に据えたロングスパンの、定常経済モデルです。これについては（江戸時代の一時期を除くと）成功事例というものがありません。もちろん江戸時代といまでは歴史的状況があまりに違うので、そのモデルを現代に適用することはできません。ですから、定常経済モデルを僕たちは手作りするしかない。

定常経済というのは、手持ちの資源をできるだけ高い質において維持するということです。一言で言えば、資源を「軽々に換金しない」ということです。自然環境の価値は、森林の地価や材木の売価にして足してみても、二束三文にしかなりません。けれども、それを目先の金欲しさに捨て値で叩き売ったら、たいへんなことになる。森林破壊が生態系や流域や海の生活にもたらすダメージは致命的なものになりかねない。川底への泥の沈澱による洪水や、泥の流出による海水汚染、それによる海洋資源の枯渇……そういう被害は当座に得た「二束三文」で買い戻すことができるものではありません。

繰り返し述べている通り、日本列島は豊かな自然資源に恵まれています。これは一度失ったらもういまの日本程度の経済力では未来永劫買い戻すことができないほど価値高いものです。だから、何よりも僕たちはこの山河を守らなければならない。そのためには、できもしない経済成長をすっぱり諦めるしかない。

そういう生活モデルをすでに実験的に始めている人たちは日本中にいます。僕が神戸に開設した凱風館《がいふうかん》は合気道の道場であり、また学塾でもあります。これを建ててくれたのは、岐阜県中津川市加子母にある中島工務店というところです。加子母は木曽檜の名産地で、江戸時代から続く植林、製材、木造建築の文化と技術をいまに伝えています。

中島工務店の中島紀于《のりお》社長に招かれて加子母を訪れたことがあります。檜の備《び》林《りん》（伊勢神宮の遷宮に備えて植林した森なのでそう呼ばれます）を歩き、木造建築や、木工製品を見学しました。でも、加子母に行って一番驚いたのは、人口3000人の集落に飲食店がいくつも営業していることでした。中島社長に訊いたら「27軒ある」ということでした。人口3000人の村に27軒というのは「ありえない」数字です。計算すると1軒あたり100人少しの顧客しかいないんですから。そんな人数しかいないところで飲食店が成り立つはずがない。人口3000人の村で利益を出そうとしたら出店できるのはせいぜい2、3軒でしょう。ですから、加子母にはもちろんファーストフードの店も全国チェーンのコンビニもありません。スーパーは地元のものが1軒あるだけです。それほど小さな市場でありながら、これだけの数の飲食店が共存できるのは、村の人々がすべての店の経営が成り立つように、外食するときに行く店が「ばらける」ように工夫しているからです。みんなが少しずつ違う店に通えば、どこもそれほど儲かるわけではないけれど、生活できる程度の商いならできる。僕はそれを聞いたときに、これが定常経済のひとつのモデルではないかと思いました。

でも、どうして加子母ではそういう「棲み分け」が可能だったのか。理屈では「やろうと思えばやれる」ことでも、実行することは困難です。どこで外食するかなんか、人に決められたくないですから。

加子母でそれができたのは、ここでは集団として生きてゆくための知恵が集団的に共有されたからだと思います。この村には木曽檜という守るべき資源があり、植林、製材と木造建築の技術が伝承されていた。森と技術を村の次世代に伝えなければならない。その使命感が集団的に共有されていた。ですから、この地域共同体では、相互扶助、相互支援のマインドが「受肉」していた。

定常経済が成り立つためには、そういう特別な条件が要るということです。「成長はもういい」という膨満感だけでは経済モデルは回せない。資源がたいせつだという気分だけでは足りない。「どんなことがあっても次世代に残さなければならないもの」をわれわれは先人たちから託されているという使命の自覚が必要になります。

自分たちの集団を構成しているのは、いまここにいる人たちだけではなく、死者たちもそこに含まれるし、これから生まれてくる子どもたちもそこに含まれる。「私の集団」のメンバーとして、もう死んだ人たちも、まだ生まれていない人たちも含むことができるような想像力が息づいているところではじめて定常経済は可能になる。僕はそのように考えています。

「ＧＤＰゼロ」でも、「交換」で豊かに暮らせる

凱風館は地域共同体のハブとして活発に機能しています。合気道をはじめとする武道の門人と寺子屋ゼミ生を合わせてアクティブ・メンバーが２００人。系列道場や大学のクラブの卒業生たちを数え入れるとおそらく３００人程度の規模の「教育共同体」です。メンバーたちは性別、年齢、職業を超えて親密なつながりを持っています。凱風館から徒歩10分圏内にいまは20人くらいが住んでいます（通いやすいように道場近くに引っ越してきたのです）。子どものある人たちは助け合って育児をしています。魚を釣ってきた人は三枚に捌いてお刺身を差し入れてくれます。農家の人は野菜が採れたから、米が採れたからと言って持って来てくれます。海苔ができると漁師さんが持って来てくれる。ＩＴの専門家はＰＣ関係のトラブルをたちまち解決してくれる。医師は道場での救急処置だけでなく、専門病院を紹介してくれる。メンバーそれぞれが、自分のもつ特技や情報によって共同体にサービスを提供してくれます。そうやって凱風館では実に活発な交換が行われています。でも、そこには貨幣が介在していない。

凱風館で行き来している財貨やサービスは、これらを市場で購入しようとすればそれなりの代金を支払わなければならない質のものです。でも、ここでは貨幣は用いられません。受けとったサービスに対しては自分がいつか、自分が得意とする分野の仕事で「お返し」をすればいい。そういうルールになっている。貨幣が動かないので、凱風館で行われている経済活動はGDP的にはゼロ査定されます。けれども、ここではあきらかに「価値あるもの」の交換が活発に行われており、人々はこの交換活動によって生活の質を高めています。

便利ですね、といろいろな人が言ってくれる。でも、同じことを「じゃあ、始めよう」と言っても、簡単にはできないだろうと思います。凱風館が小さいなりに非市場経済・非貨幣経済の場となりえているのは、ここが教育共同体からです。

「贈与」を受けたものには「反対給付」の義務がある

僕は合気道の師である多田宏先生に就いて学んだ武道の叡智と技法を、エマニユエル・レヴィナス先生に就いて学んだ哲学的知見を次世代に伝える義務があると思っています。「どんなことがあっても次世代に残さなければならないもの」を先人たちから託されているという使命の自覚が僕にはあります。もちろん、主観的なものです。そういうふうに勝手に思っているだけです。でも、僕はそう思っている。後世に手渡さなければならないものを先人から託されたと思っている。「託されたもの」は言葉を換えて言えば「贈られたもの」です。贈与された以上、僕には反対給付の義務がある。もらいっぱなしでは「祟りがある」と僕は思っています（マルセル・モースが「ハウ」と呼んだものの効果を僕は信じています。だから、年賀状をもらったら返事を書くし、「おはよう」と挨拶されたら「おはよう」と挨拶を返します）。贈与されたから、お返しをする。ただ、師から贈与されたものへの反対給付というのは、師にもらったものを師に戻すことではありません。今度は自分の弟子に贈与することでしか反対給付義務は履行されない。そして、僕が師たちから贈られたものはあまりにも巨大なものであり、簡単に相殺できるような代物ではない。自分がいったい師から何を学んだのかを、僕は70歳近くなってもまだわからないくらいなんですから。ですから、できるだけ多くの弟子たちに、できるだけ長い時間をかけて、師から贈られたものを「パス」することが必要になります。教育共同体は長期にわたって持続するという理由はそれでわかると思います。師から贈られたものが大きければ大きいほど、反対給付義務を履行するための僕の教育活動はエンドレスのものにならざるを得ない。

僕は師から贈り物を受け取った。それを門人たちに「パス」する。彼らは彼らでまた僕からの贈与に対して反対給付義務を感じます。けれども、反対給付義務を果すためには、彼らもまた自分の「弟子」を育てなければなりません。それ以外に贈与を相殺する方法がないからです。教育共同体はそういうメカニズムによってエンドレスのものになります。

単純に、相互扶助的な共同体を作れば、みんなが楽しく暮らせるというものではありません。例えば、シェアハウスとか、共同育児とか、共同介護のような組織を作るというのはアイディアとしてはよいものだし、実際にメンバーたちに具体的な便益をもたらします。でも、長期にわたって（30年、50年というスパンでは）持続することはありません。そういう共同体内部では、やりとりされている

「サービス」はやはり一種の商品としてとらえられているからです。あるサービスを履行したものはそれと等価のサービスを他のメンバーから期待できる。だから、成員間では、「持ち出し分」と「取り分」がイコールになるし、ならなければならない。一部の人たちだけに負担が偏り、一部の人が不当に受益しているという不公平感が生じると、共同体はもちません。

「株式会社思考」の人に共同体はつくれない

日本の年金制度について、「高齢者だけがいい思いをして、若い世代は割を食っている。だから、老人たちを追い出して、自分たちだけの年金集団を創ろう」という主張をなす人がいます。言っていることはなんとなく合理的に聞こえますけれど、そういうアイディアで相互扶助的な共同体を維持することは不可能だろうと僕は思います。というのも、この「若者たちだけの共同体」でも、やはり「持ち出し分」と「取り分」の厳密な一致は期しがたいからです。「強者連合」においても、メンバーは老いますし、病んだり、破産したり、馘首《かくしゅ》されたり、離婚したりすることがあります。でも、支援が必要なときというのは「取り分」が「持ち出し分」を超えるときです。しかるに、「強者連合」は「共同体に巣食うフリーライダーを排除する」というルールに同意署名した人たちが作ったわけですから、「取り分」が「持ち出し分」を超えると同時に、彼はそこから自分自身が排除されることにも同意しなければならなくなる。「強者だけ」の相互扶助組織はそうして最終的に成員ゼロになるまで痩せ細り続ける。

共同体内部における財貨やサービスの行き来を商取引に類したものと考えてはならないということの理路が少しはおわかりいただけたでしょうか。本来は国民国家もそういうルールで運営されていたはずです。自分たちが暮らしているこの社会の制度のすべては先人からの贈り物である。だから、できるだけ傷つけることなく、できればより豊かなものにして後続世代に「パス」しなければならない、そう考える人たちが国民国家の成員たちのマジョリティを占めていた時期には、国民国家はもう少し手触りの優しいものだったのではないかと思います。

けれども、いまの日本では、権力や財貨や社会的威信を享受しているものたちは、自分が享受しているものを先人からの贈り物だとは思っていないし、それを次世代に「パス」しなければならないものだとも思っていない。手にしているすべては自己努力で得たものであり、それを占有し処分する権利は一〇〇パーセント自分にあると思っている。何が悲しくて自分の才能と努力の成果を他人と分かち合わなければならないのかと、こめかみに青筋を立てるような人間が「成功者」としてメディアにもてはやされる時代です。

　彼らのような株式会社のロジックを深く内面化した人間には残念ながら共同体は作れません。私たちが享受しているもの、この社会制度も、言語も、学術も、宗教も、生活文化も、すべてが先人からの贈り物であって、僕たちが自力で作り上げたものなんか、ほとんどありません。ですからこれをできるだけ損なうことなしに未来の世代に手渡さなければならない。贈与を受けたものには反対給付の義務がある、そのルールを内面化したもののことを人間と呼びます。商品と貨幣のやり取りというスキームでしか人間社会で起きていることの意味を考量できないものは、厳密には人間ではないのです。人間にしか共同体は作れない。だから、現代日本社会では地域共同体も血縁共同体も崩壊したのです。

第5章

「小国寡民」と「ハイパー・グローバル」

「グローバリズム」と「アンチ・グローバリズム」の安定点を探せ

資本主義の最後の砦はエンドレスに需要を生む兵器産業

先ほども名前が出てきましたけれど、中島工務店の中島紀于社長は凱風館を建てたとき、「先生、この家は千年もちます」と言ってくれました。でも、これはよく考えると不思議な発言です。資本主義のロジックは「千年も壊れない家」を求めないからです。千年もつ家なんか作った日にはすぐに需要が飽和してしまう。家がすぐに傷み、デザインや設備が時代遅れになることではじめて「買い換え需要」が発生する。だから、買い手が家に飽きる頃にはあちこち傷んで「補修するくらいなら、新品買った方が安いですよ」というオファーが説得力を持つ。そういうふうに家を建てるのが資本主義における「ふつう」です。資本主義はできるだけ早く商品が陳腐化し、飽きられ、使いにくくなることを求めます。それはすぐれた品物を作り、それが末長く使い続けられることを求めるクラフトマンシップとはまったくめざすところが違います。

成長経済では、資本家たちは自分たちの手で市場に商品を投入しておきながら、それができるだけすみやかに傷み、飽きられ、使用不能になることを求めなければいけない。そうしないと新たな需要が発生しないからです。でも、よく考えると奇妙な話です。

昔アメリカのあるメーカーが「芋の皮むき器」を製造していました。すぐれた製品でしたので、よく売れました。でも、各家庭に行き渡ったところで売り上げが止まってしまった。もともと堅牢に作られた皮むき器でしたからめったに壊れない。そこでメーカーは一計を案じました。皮むき器のカラーリングを茶色にしたのです。そしたらまた買い替え需要が発生しました。人々がうっかり皮むき器をポテトの皮と一緒に捨ててしまうようになったからです。でも、このアイディアを出した人も、メーカーのエンジニアも、あまりいい気分ではなかったんじゃないかと思います。まだ使える自社製品が捨てられることで利益を上げるビジネスモデルというものに微妙な違和感を覚えたんじゃないでしょうか。

でも、そんな違和感と無縁な業種もあります。「できるだけ早く製品が使用不能になること」、それだけを目的にして商品を生産する業種があります。兵器産業です。これはある意味で資本主義の理想です。末期資本主義が最終的に兵器産業にぶら下がって延命するようになったのは、その意味では自然なことなのです。

兵器とは「他の商品を効率的に破壊すること」だけをめざして作られた商品のことです。市場に新たな需要を作り出すという点において兵器以上効率的な商品は存在しません。ふつうの商品は過剰に生産されると、いずれ市場は飽和します。でも、兵器の場合は市場が飽和するということがありません。兵器が市場に投下されればされるほど破壊される兵器の絶対量は増大するからです。自動車産業が「道路で他の自動車を見かけたら、自動的に破壊する自動車」を作るようなものです。市場は永遠に「車不足」の状態が続くでしょう。兵器産業を日本の基幹産業にして経済成長を図るという人たちがいますけれど、彼らはそれがどれくらい倒錯的なことなのか、たぶん理解していないのだと思います。

一方、定常経済では、作り手も使用者も、商品がいつまでも（できれば永遠に）使用可能であることをめざします。先祖の誰かが手に入れた資産を数十年、数百年使い延ばすことができれば、僕たちはそれだけ豊かなインフラを享受できる。先人から贈与された家があり、家具什器があり、着物があれば、とりあえずあとは「今日明日のご飯」の心配だけしていれば済みますから。定常経済とは、僕たちが享受できる資産のうち、「フロー」に比べて「ストック」の比率が圧倒的に高いシステムのことです。

老子の唱えた「小国寡民」はアンチ・グローバリズムの一つの極点

定常経済のためにはさらにもう一つ重要な条件があります。共同体のサイズです。

老子はかつて理想の国家は「小国寡民《しょうこくかみん》」だと書いたことがあります。国が小さく民が少ないことが、国のありようとしては理想的である、と。

「小国寡民」の第一条件は「什伯《じゅうはく》の器有れども用いさせず」である。「什伯の器」は古来難語とされており、ふつうは「便利な道具」と訳されていますが、僕は「兵器」の訳を取りたいと思います。

小国寡民の第一条件は「兵器の備えはあるけれど、用いない」ということです。国防はするが、非戦を旨とする。これは老子の他の言葉とも整合します。というのは、老子が軍事について語った最も有名な言葉は「兵は不祥の器にして、君子の器にあらず」（軍備というのは不吉な道具であって、本来君子が用いるものではない）だからです。

「已《や》むを得ずしてこれを用うれば、恬淡《てんたん》なるを上なす。勝ちて而《しか》も美ならず」

戦争に勝つことを喜ぶものは「人を殺すを楽しむなり」ときびしく批判されています。「それ人を殺すを楽しむ者は、則《すなわ》ち以って志を天下に得べからず」。戦争に勝つことを喜ぶものは、たとえ一時の覇者となっても、人々が心から服すような広々としたメッセージを発信することはできない、と。

次の節も説くところは同じです。

「民をして死を重じんて遠く徙《うつら》らざらしむ、舟輿《しゅうよ》有りと雖《いえど》も、之《これ》に乗る所無く、甲兵有りと雖も、之を陳《つら》ぬる所無し」（国民が命を重んじ、遠くに移動することを抑止する。そうすれば船や車のような移動手段があっても、それを用いない。甲冑や武器があっても、それを連ねて戦いに赴くこともない）

話の中身は前段に通じています。「舟輿」も「甲兵」も「有る」のです。あるけれど、それを用いない。それを用いて移動することもしないし、それを戦場に展開することもしない。

「小国寡民」について、老子はまず軍事についての条件を述べました。軍事は調えなければならない。けれども進んで用いてはならない。そのためには国民のうちに「命を重んじる」ことと「クロスボーダーな移動を忌避する心性」を涵養《かんよう》しなければならない。

僕はこの老子の知見は奥深いものだと思います。戦争が悲惨なものになるのは、まさに民が「死を鴻毛の軽きに比す」ような異常な高揚感に駆り立てられて、「グローバル」な移動を厭わなくなるからです。

そして、第三の条件。

「民をして復《ま》た縄を結びて之を用ゐしめ、其の食を甘《うま》しとし、其の服を美しとし、其の居に安んじ、其の俗を楽しましめば、隣国相望み、鶏犬の声相聞こゆるも、民老死に至るまで、相往来せず」

「縄を結ぶ」というのは古代のコミュニケーションの手段を復活させるということのようです。再び無文字社会に戻る。情報の過剰を抑止する。そして、いま食べている食事こそ美味であると思い、いま着ている服を美しいと思い、いま住んでいる住居に満足し、自分たちの生活文化のうちに深い喜びを見出す。それができたならば、近隣の国が遠望できるところにあっても、鶏や犬の鳴き声が聞こえるほどの距離にあったとしても、国民は老いて死ぬまで国を行き来するようなことはない。

それが老子の教えでした。たぶん、これは老子の生きた時代においてさえ「極端な意見」だとされたはずです。ですから、現代人が「極端な意見」だとみなすのは当然です。けれども、思想的な極点というものは、どのような場合でも示されないよりは示された方がよい。僕はそう思います。現実化することは不可能でも、そこに思想的な極点があるということが示されれば、僕たちは自分の立ち位置を知ることができるからです。

「ハイパー・グローバル」がもう一つの極点

少なくとも僕たちは「小国寡民」の反対側の極点がどういうものであるかは知っています。少し前まで現代世界はそこにまっすぐに向かっていたからです。国を隔てる国境線がなくなり、通貨も、度量衡も、法律も、食生活も、衣服も、言語も、宗教も、すべてが一つになって「フラット化した世界」に人類は向かう。少し前までは多くの知識人たちはそうにぎやかに語っていました。その不可避のグローバル化趨勢にどうやって最適化するのか、それだけが問題なのだ、と人々は口角泡を飛ばして論じていました。グローバル化に適応できた個体だけが生き残り、適応できなかった個体（自分の住むところに根を下ろし、自分たちの言語や宗教や生活文化にしがみついている人たち）は社会の最下層に格付けされる。それがグローバル化時代の常識でした。幸いなことに、その趨勢にブレーキがかかりました。グローバル化がある時点で止まり、アンチ・グローバリズムの逆回転がかかった。これは歴史的事実として認めなければなりません。アンチ・グローバリズムが生起した理由はいろいろ挙げられます。

一つは90年代に入って、「アメリカ主導のグローバリズム」がもう一つの「グローバル共同体」であるイスラーム共同体と衝突したことです。7世紀から存在し、モロッコからインドネシアまでに広がり、人口16億を擁するイスラーム共同体は、宗教と言語と食文化と服装規定を共有する史上最大でありかつ現代世界最大のグローバル共同体です。

しかし、このイスラーム圏は、19世紀の帝国主義の時代にも、二次にわたる世界大戦においても、東西冷戦期においても、ついに国際政治の主要プレイヤーとして登場したことがありませんでした。それゆえ、フランシス・フクヤマの『歴史の終わり』の予言の通り、これから世界は西欧型の資本主義とデモクラシーが「人類のデフォルト」になると信じた欧米のグローバリストたちは、イスラーム共同体がこれほど強硬に「フラット化」に抵抗を示すということを想定していませんでした。

「歴史の終わり」論者たちの予測では、これらの「弱小国」はいずれグローバリズムの滔々《とうとう》たる波に洗われて、産油国、あるいは低賃金の製造業の拠点、あるいは移民労働者の供給国というあたりの「三流」国家群として国際社会の片隅にわだかまることになる、というものでした。そして、これらの国々に対する先進諸国の関心は（米ソも中国もヨーロッパも、むろん日本も）「どう利用するか（あからさまに言えば、どう収奪するか）」ということに限定されていました。しかし、中東戦争、イラン革命、湾岸戦争、アフガニスタン内戦、9・11、イラク戦争、「アラブの春」、シリア内戦……と、過去半世紀終わりなく続いたテロと戦争は「歴史の終わり」が到来しないことを教えました。政治学者たちの予測に反して、歴史はまだ続いています。そして、そこにはかつてマルクス主義者たちが信じたような「歴史を貫く鉄の法則性」がもう存在しない。そのことを僕たちは学びました。歴史は明らかに迷走している。それはある極点めがけて（多少の紆余曲折をたどりつつ）進んでいるわけではない。仮に歴史がなんらかの到達点をめざして動いているにせよ、到達点がどこにあり、そこにたどり着いた時に人類がどうなっているかを現段階で予見できている人はどこにもいません。

それでも、人類が「ここまでの範囲内なら人間的でありうる」という限界を示す境界線が存在します。「ここから先に行ったら、もう人間ではなくなる」オフリミットの標識です。それがあちらとこちらに二つ立っている。その標識の間が「人間が人間でいられるエリア」である。

一方の極点標識は、先ほど紹介した「民老死に至るまで、相往来せず」の「小国寡民モデル」です。これは老子が理想として書いているだけで、おそらくかつて一度も存在したことがないものです。けれども、僕たちは「かつて一度も現実になったことがない過去」をあえて「現実にあったこと」にして、それを手がかりにしてあるべき未来を構想することができます。老子はたぶんそうしたのだと思います。これは「述べて作らず」と言った孔子の骨法でもあります。

孔子が君子の統治の理想として掲げた「周公の徳治」なるものは、孔子の（嘘とは言わぬまでも）想像です。孔子の時代はすでに周公が没してから500年も経っていました。「周公の徳治」なるものについては、巷間に口承だけは伝えられてはいましたが、「あれはよい時代だった」と証言する生き証人がいたわけではないし、当時を活写する文書が残っていたわけでもない。孔子はその「かつて一度も現実になったことのない過去」を理想郷として掲げることで強い指南力をもつ統治論を作り上げました。

人間はそういうことをすることができる。老子の「小国寡民」も、孔子の「周公の徳治」も、どちらも「かつて一度も現実になったことのない過去」です。でも、そういうものを掲げることには、知性の働きにとっては、重要な意味があります。人間がついに実現できなかった理想を考想することは、できる。理想として敬慕することは、できる。でも、現実化することは、できない。人間の能力の限界を超えているから。そういう観念は「人間はどこまでのことができるか」を知る上で、たいへんに重要な指標になります。これが一方の極点標識です。「小国寡民」。

他方の極には、「決して現実になることのない未来」があります。僕たちの想像を絶した未来です。それを仮に「ハイパー・グローバル世界」と呼びます。

問題は二つの極点の間のどこが住み心地がよいか

「ハイパー・グローバル世界」とはどういうものでしょうか。想像力を限界まで行使すれば、それは全人類が「単一政体・単一言語・単一通貨・単一度量衡・単一法制・単一価値観・単一美意識・単一生活文化……」という、無限に続く「単一」のうちに回収された世界のことです。そこにはもう葛藤もないし、対立もない。進歩もないし、退化もない。そこではもう時間が静止している。

「ハイパー・グローバル世界」とは、世界中どこに行っても「同じもの」にしか出会わない世界のことです。そこでは、みんなが同じ服を着て、同じ言葉をしゃべり、同じものを食べ、同じ儀礼を守り、同じものを快とし、同じものを美とします。世界が「似姿」によって埋め尽くされている。そのような世界においても人間たちはやはり「隣国相望み、鶏犬の声相聞こゆるも、民老死に至るまで、相往来せず」ということになるでしょう。こんな風景を想像してみてください。世界の果てまで続く巨大なホテルがある。全室が同じ間取りで、同じ内装で、同じサービスを提供する。そんな部屋に暮らす人間がホテルの他の部屋を訪れようと思うでしょうか。完全に相似的な世界においても、やはり人々は「相往来する」欲望を持たない。

「小国寡民モデル」と「ハイパー・グローバルモデル」は似ています。どちらも、そこでは時間が止まり、変化が止まるという「欲望の熱死点」という点で同一的です。見てくれは違うが、どちらも「涅槃《ねはん》」的という本質においては変わらない。この二つの熱死点の間、そこが人間が人間的でいられる場所です。

僕たちはこの二つの標識点の間の「どこか」にしか生きることができない。問題は、その間の「どのへん」が住み心地がよいか、です。それをめざして進むわけですから。歴史の惰力はいまのところ僕たちを「ハイパー・グローバルモデル」に向けています。けれども、それに対する激しい拒否の動きが出て来た。一つはイスラーム共同体からの「イスラミック・グローバリズム」という抵抗運動であり、一つはヨーロッパにおける極右排外主義の勃興や英国のEU離脱やアメリカのトランプ政権の成立に見られる「アンチ・グローバリズム」です。日本の安倍政権も、政策的・表層的には「グローバル志向」ですけれど、政府の新自由主義的政策から何の恩恵も受けられないまま政権を熱狂的に支持している人々を心情的に駆動しているのは古めかしい「排外主義・自民族中心主義」です。どの国も「二つの極の間をふらふらしている」という点で選ぶところはありません。

グローバル化を抑制する理論と運動は、資本主義の「行き過ぎ」に対する生身の人間からのレジスタンスです。それは今のところは、生身の人間の弱さや、狭さや、無能力が生み出した感情的、痙攣《けいれん》的なものにとどまっています。グローバル化は資本主義の自然過程ですが、グローバル化に過剰適応したせいで、人間たちの生命力が萎えてしまったという「症状」がいまのアンチ・グローバリズムです。

僕が「定常経済」や「相互扶助的共同体」というアイディアを提出しているのは、このような文脈の中においてです。グローバル化がこれ以上亢進《こうしん》すると人間の生命力はひたすら萎えてゆく。でも、アンチ・グローバリズムという病的な反応のうちにとどまっていても、やはり人間の生命力は萎えるだけです。どちらに転んでも、いいことはない。その中間のどこかにしか人間が人間的でいられる場所はありません。グローバルとアンチ・グローバルという二つの志向の間で引き裂かれ、葛藤していることで、暫定的な安定を保持できるような足場を僕たちは探すしかない。その拠点となりうるものを自分で手作りするしかない。このような歴史的局面にこれまで人類は立ったことがありません。ですから、「こうすれば、うまくゆく」という成功事例は存在しません。僕たちは成功事例がない難局を前にしているのです。とりあえずはそういう痛苦な現実認識に立つところから始めるしかありません。

第6章

「廃県置藩」のすすめ

日本をローカルに「分節」せよ

アメリカの「州」は江戸時代の「藩」に近い

平川克美君はかつて「小商いのすすめ」を説いたことがあります。身の程を守って、むやみに手を広げずに、お得意さまや取り引き先をたいせつにして、定常的に経営を回してゆくという経営のことです。株を上場したり、チェーン展開したり、他の企業を買ったり売ったり、市場を占有しようと欲をかいたりしないで、内輪で回す。それが「小商い」の要諦《ようてい》です。

加子母の例に見られるように、地域の雇用を確保し、人口を保ち、自然環境や伝統技能など地域の「見えざる資産」を守り通して、次世代に伝えることは可能です。でも、加子母でそれが可能だったのは、サイズが小さいからです。都市部に定常経済圏を創り出すことはたぶん絶望的に困難だと思います。人が多すぎるから。小商いの経済圏が成立するためには、政治的・経済的・文化的ないくつかの障壁で隔てられた多数の「閉域」に国民国家を分節する必要がある。僕はそう思います。そのためのアイディアが「廃県置藩」です。例によって極端なアイディアではありますけれど、みなさんの思考力と想像力の訓練のために、それについて考えてみたいと思います。

言う人は少ないけれど、日本の幕藩制に一番近いものはアメリカ合衆国です。連邦政府と州政府の関係は幕府と藩の関係に近いように僕には思えます。アメリカは50の「国」が構成している共和国連邦です（state の訳語は「州」ではありません。誰が考えても「国」です）。これも言う人が少ないけれど、アメリカ合衆国とソビエト社会主義共和国連邦は原理上・制度上でも「うり二つ」の国だったのです（だからあれほど憎み合ったのかも知れない）。

とりあえずアメリカ合衆国は世界史上では「国民国家の輝かしい成功事例」にカウントしてよいはずです。本気で成功した統治形態を学ぶ気があるなら、日本の統治形態も「連邦制」にする可能性を吟味してよかったはずです。

たしかに、日本の地方自治制度のいくつかは戦後アメリカの制度を模倣して設計されました。でも、GHQの占領が終わると同時に、アメリカのシステムに倣って制度設計されていたはずの地方自治制度はすぐに戦前のかたちに戻されました。警察と教育がまっさきにその対象となりました。あまりにその手際がよかったので、戦後のごく短期間ではあれ、日本の自治体警察がアメリカにおける「保安官」をモデルに制度設計されていたことも、学校教育を管理する教育委員が市民たちの選挙で選ばれていたことも、僕たちはもう覚えていません。

僕はアメリカの連邦制は学ぶべきものが多い地方自治制度だと思っています。地方自治体に大幅に権限を委譲し、中央政府は国防と外交という国益を守るための任務に集中する。ラサールの「夜警国家」という観念がありますけれど、「小さな政府」を理想とする共和党の考える連邦政府はそれに近いものでしょう。

僕は日本においても、アメリカのような州政府と連邦政府の棲み分けは可能だろうと思っています。大急ぎで付け加えますけれど、これは一部の財界人や政治家が主張している「道州制」とは目指すところがまったく違います。

道州制は行政の効率化のためだけの制度です。どうやって行政コストを減らすか、それだけしか考えていない。州にわけるときの基礎になるデータは域内の人口や法人数や税収などで、「文化的なもの」は勘定に入っていません。

僕の考えている「廃県置藩」構想は文化的なものを軸にした基礎自治体です。その意味では、むしろヨーロッパに見られるコミューンに近い。フランスやイタリアやスイスの基礎自治体であるコミューンは一つ一つサイズも違うし、人口も違います。人口80万人のコミューン（マルセイユ）もあれば、人口26人のコミューン（コルビエール）もあります。そのすべてのコミューンに、議会があり、市長がいます。議会の議員は住民の直接選挙で選ばれ、市長は議員の中から互選され、議会議長と行政機関の長を兼任する。

サイズ上のばらつきがありつつも、コミューンが行政機関として機能しているのは、これがカトリックの「教区」を基にした行政単位だからです。街の中央に教会があり、教区民がそれを中心に統合されている。この宗教的共同体がそのまま行政単位となっている。この点にコミューンという制度の合理性があります。

地域の生活文化の同一性に基づいている行政単位ですから、「このあたり」が自分たちの土地であり、「この人たち」が自分の同郷人であり、この土地と同郷人たちと政治的な運命を共にしているという実感があります。その身体実感に基づいて基礎自治体が作られている。道州制のような、数値に基づいて「線引き」が行われて統廃合された自治体は結局うまく機能しません。身体実感に基づく「同郷」感覚が生まれないからです。

都道府県の境界線は「机上の空論」で引かれたもの

内田家の菩提寺は山形県の鶴岡にあります。山形県には山形空港と庄内空港、車で2時間ほどのところに空港が二つあります。不思議に思って、ある時、鶴岡の人に「なぜこんな近くに空港が二つもあるんですか」と聞いてみました。すると不思議な顔をして「だって、藩が違うじゃないですか」と言われました。違う藩のところにある空港は使いたくない。それが当然じゃないかという顔をされた。そのとき、日本人の「基礎自治体感覚」は江戸時代からあまり変わっていないことがわかりました。もちろん制度的には変わりました。

現行の都道府県制度は、明治政府の廃藩置県によって生まれました。幕末にいわゆる「藩」なるものは国内に276ありました。この領土をまず政府に返還させ、1871（明治4）年に1使（開拓使）3府（東京府・京都府・大阪府）302県に再編されました。このときはかつての藩主がそのまま知事に横滑りした。これでは行政機構としてあまりに非合理というので、わずか2カ月後に、1使3府72県にまで縮減されました。それでも多いというので、7年後の1878

年に37府県、最終的には1889（明治22）年に1庁（北海道庁）3府（東京府・京都府・大阪府）43県となり、これがその後の都道府県制の基本となります。

ご覧の通り、府県の統廃合案がはげしく迷走したことがわかります。なにしろ、わずか7年の間に、地方自治単位が306から37の間で乱高下したんですから。そこから確実に知れるのは、一つだけです。それは明治政府は地方行政制度について明確な方針を持っていなかったということです。都道府県の境界線は官僚が地図の上に引いた「机上の空論」に過ぎなかったということです。中東におけるサイクス＝ピコ協定と同じです。現場を知らない中央政府の官僚が、行政単位を脳内に思い描いて線を引いた。そうだったと思います。そうでなければ、こんなでたらめなことが起きるはずがない。おそらく、明治政府の役人たちは、「お上」の命令で一度府県の境界線を定めたら、住民たちはいずれ決められた所属府県に対して自然な帰属意識を抱くようになり、府県固有の文化や心性も生まれるだろうという楽観的な見通しを持っていたのだと思います。この根拠のない楽観もサイクス＝ピコ協定の場合とよく似ています。でも、中東と同じように、そう思い通りにはゆかなかった。

昭和40年代に朝日新聞が『新風土記』というコラムを連載していたことをご記憶の方はおられるでしょうか。僕はその頃大学生だったので、記憶しています。これは各府県の特性や県民性や県民文化を取り上げたものです。それを読みながら、このコラムは都道府県ごとに県民性に歴然とした差があり、固有の県民文化があるということをどうしてこんなにうるさく言い立てるのか、僕は不思議な気がしました。

これは僕自身が東京生まれだったせいもあると思います。東京生まれと言っても、僕は「江戸っ子」ではありません。僕の父は山形県鶴岡の人で、母は神戸の人です。二人とも東京に出てきたのは戦後です。東京の南東の多摩川べりにあったうちの近所の人たちも、秋田であったり新潟であったり、ほとんどが地方からの出稼ぎ労働者でした。親たちの世代はそれぞれの地方のなまりが抜けなかったくらいですから、地域固有の文化などが育つはずもない。みんな「根なし草」でした。それが僕にとっての初期条件でしたから、「県民性」を強調するコラムには強い違和感を持った。

その頃東京には「県人会」というものがありました。大学でも、県人会の作った寮に住んでいるという学生がいたし、県人会の奨学金を受けているという学生もいました。出身地が同じ人たちが相互扶助するというシステムがあることを僕は大学に入るまで知りませんでした。少しは羨ましいと思いました。でも、この「美風」も失われて久しいようです。「新風土記」や「県人会」の努力にもかかわらず、結局、都道府県への帰属意識は根づかなかったからです。廃藩置県から150年経っても、ついに「県民」アイデンティティーは受肉しなかった。僕はそう思っています。

それを顕著に示す最近の出来事が二つありました。一つは昨年（2014年）の兵庫県の号泣議員の事件です。彼は1年に195日、豊岡、佐用、福岡、東京に日帰り出張していたとして、交通費300万円を領収書のないまま政務活動費として支出していました。人々が驚いたのは、その異常な出張回数でしたが、僕は県議には年間195日も「休みがある」（彼の「出張」はすべて議会がない日に行われていました）ということにむしろ驚嘆しました。それくらいに県議というのは暇な仕事なのか、と。議員立法で条例とか起案しているなら、議会のない日も仕事はあるでしょうけれど、新聞記者に聞いたところでは、過去20年で兵庫県議会で、議員の起案した条例は2案だけだったそうです。県議会議員の活動に県民たちが無関心だったのは、県議会が自分たちの生活に直結する案件を議する場ではなく、県議たちは自分たちの生活に直結する代表者ではないという印象が深く定着していたからでしょう。

もう一件は今年（2015年）行われた大阪都構想の住民投票です。都構想は否決されました。この選挙は大阪市の権限を制限して、大阪府の権限を強化するという政策についてのものですから、有権者は「あなたはまず大阪市民なのか、まず大阪府民なのか」を問われることになった。そして、とりあえず過半数の有権者は「府民であるより先にまず市民」という判断を下しました。

そういうふうに考えた人は少ないと思いますが、僕にはこの二つの事例はどちらも「都道府県制度というものが、住民たちに実感としては根づいていない」という印象を残しました。150年かけても、われわれは都道府県民というアイデンティティーの形成に成功しなかった。

僕は神戸に住んでいます。「お住まいはどこですか」と訊かれると「神戸です」と答えます。「兵庫県です」と答えることはまずありません。「神戸って、どんなところですか」と訊かれると「パンがうまいです」とか「港町です」とか答えることができますけれど、「兵庫県て、どんなところですか」と訊かれると答えに窮します。「人口560万人です」とか「南は瀬戸内海、北は日本海という二つの海に面しています」というような教科書的なことしか言えない。まして「兵庫の県民的アイデンティティーとはどういうものですか」というような問いには答えようがない。「そんなものあるんですか?」と逆に聞きたいくらいです。

廃藩置県のあと、行政単位ははげしく増減を繰り返した末に、47の都道府県に落ち着きましたけれど、そうやってきめられた行政単位は、結局のところ戊辰戦争以前の「お国」を代用することはできなかった。現に、人々はいまだに自分の所属地域を言うときにしばしば藩名を名乗ります。僕は自分の出身地を訊かれて「兵庫県民です」と名乗る人にこれまで一度も会ったことがない。ほとんどの人は街の名前を言うか、あるいは摂津だとか、播州だとか、但馬だとか、そういう名乗り方をします。もう制度上存在しない「国境《くにざかい》」に基づいておのれの地域的なアイデンティティーを保持している。

東京で生まれた僕が関西に来て一番驚いたことの一つは、方言の識別が異常に精密であることでした。住民たちはそれぞれ神戸弁、加古川弁、姫路弁の差異をうるさく強調します（僕にはまったく識別できません）。あるいは「いかなごの釘煮」といった郷土料理の味付けが姫路と加古川では違うというようなことを言い立てる。よく調べると、そのときにつよく差別化されている境界線は高槻藩、尼崎藩、三田藩、明石藩、姫路藩、赤穂藩といったかつての藩や代官領の「境」であることが知れます。

つまり、明治維新から１５０年かかっても近代的な地方自治体は住民の帰属意識を形成することができなかったということです。自分の故郷がどこなのか、自分のアイデンティティーはどこに根ざしているのかというコスモロジカルな把握を多くの現代人はいまだに「藩単位」で行っている。そして、自分がそのような分節を自動的に行っていることに気がついていない。

アイデンティティーというのは法令一本で動かすことができるものではありません。消し去ったつもりでいても、再帰してくる。抑圧されたものは症状として回帰するというのはフロイトの知見ですけれど、個人史のみならず、社会史においても同じことは起きるのです。抑圧されたもの、否定されたもの、消去されたはずのものが、かたちを変えて、繰り返し甦ってくる。

なぜ、都道府県よりも藩の方が帰属意識が強く、旧藩の「国境」の意識が消えないのか。それは藩という区分が上意下達的に、政策的に線引きされたものではなく、古代から長い時間をかけて形成されてきた「国」を基にしたものだからでしょう。

「藩」という名称自体、これは廃藩置県当時から使われ出したもので、江戸時代には一部の学者たちだけしか用いることのない「学術用語」でした。一般の人たちは「国」と呼んでいたのです。「何とか藩士」なんて名乗らない。「なんとかの守《かみ》、家来」と名乗っていた。領主がいて統治しているエリアは住民にとって「国」だったのです。「お国なまり」も「お国自慢」も「国境」も、みなこれです。藩ごとに固有の言語があり、固有の食文化があり、固有の芸能があり、祭祀があった。そのアイデンティティーは廃藩置県では消すことができなかった。

かつての「藩」をもう一度、自治体の基礎に

いまグローバル化によって国民国家の求心力は世界的に衰微していますけれど、その一方でローカルな地域統合力はそれほど衰えていない。むしろ場合によっては強化されているように見えます。これは「どこに帰属すべきか」という問いが切実なものとなってくる中で、人々が明治以前の「国」に自分の「根」を感じるようになってきているからではないかと思います。

僕の「廃県置藩」論はかつての藩をもう一度基礎自治体にしたらどうかというアイディアです。藩のサイズはさまざまです。加賀や伊達のような百万石の大藩もありますし、陣屋敷しかない一万石の小藩もある。標準的な土地の広さや人口が決まっているわけではありません。それぞれの歴史的・地理的な必然性があって、「このサイズ」を基礎的な統治単位としようとして選択されたものです。

先ほど述べたように、フランスのコミューンはサイズがばらばら、面積も人口もばらばらです。でも、だからと言って、「それでは統治上効率が悪い、標準的なサイズに統廃合しよう」という話にはならない。その地域の人々が長い時間を

かけて形成して「これがわれわれの帰属する共同体だ」と思いなした集団のサイズがそれだったわけですから、そのサイズには必然性がある。そう判断している。常識的な判断だと思います。

フランスにおけるコミューンと日本における藩は、発生してきた歴史的プロセスが違いますが、どんなかたちであれ、「自分がはっきりとした帰属意識を覚えることのできる基礎自治体」を人間が必要とするということには東西の違いはありません。

日本の場合でも、基礎自治体の多くはまず霊的なセンターがあって、それを核にしてできあがったのだろうと僕は思っています。まず霊的な中心が定められる。墓地や祈りの場ができる。その周囲に、同じ死者たちを悼むものの集団が形成され、ともに祭祀儀礼を守る。その集団が生産単位となり、政治単位となり、やがてより広域的な権力機構の中に配列されて、行政単位となった。そういう順番でことは進んだのだろうと思います。

官製の行政単位の失敗は、都道府県制に始まったわけではありません。日本で最初につくられた行政組織に「五畿七道《ごきしちどう》」というものがあります。七道とは、東海道、東山道、北陸道、山陽道、山陰道、南海道、西海道の七つです。「道」と名がついていますけれど、これは行政区分です。ただし、その基になっているのは、古代王朝が作った軍事用の道路です。異族を討伐するための兵士と軍用品を送るロジスティックスの機能をこの行政単位が担った。古代ですから、幹線道路を離れるともうほとんど人が住んでいない無住の荒野が広がっている。だから、物流に沿って、道路と宿駅を配列する方が、水平的に行政区を切り分けて、地域単位で管理するよりも、管理コストが少なくて済む。古代にも知恵者はいたものです。

ところが、この七道のほとんどは、東海道を除いては100年もすると消滅してしまった。官製の道路は歴史の風雪に耐えることができなかったのです。道がそこに暮らす生活者の実感とずれているからです。

人間には「ここを歩きたい」という決まったルートがあります。川沿いに歩きたいとか、森の中を歩きたいとか、尾根を登りたいとか、必ずしも最短距離ではない。歩きやすい道、「歩くことをアフォードする道」というのがあるのです。いくら政府が七道を整備しても、生活者たちはそこを歩かずに、自分たちの道を歩いた。集落はそこにできる。耕地もその生活者の道沿いに展開する。七道は生活する人たちと無関係に直線で引いた高速道路のようなものです。そこを通るトラックにとっては便利でしょうけれど、高速道路の近くに暮らす人たちはそんなものを使わない。だから、ロジスティックスの用事がなくなると、七道は草に覆われて、どこに道があったのかさえわからなくなった。

同じようなことが中世にもありました。「鎌倉街道」です。これは鎌倉幕府が設営した軍用道路です。鎌倉から関東一円四方八方に延びていました。御家人たちが「いざ鎌倉」という陣触れがあると、その街道を駆けて、一気に鎌倉に結集する。

でも、鎌倉幕府がなくなってしまうと、軍用道路は存在理由を失います。鎌倉街道の多くは、やがて草生して、消えてしまった。いまでもよく「鎌倉街道の旧跡を発見」という記事が出ます。武蔵野のあちこちに鎌倉街道の跡が残っている。ハイキングコースになったりしています。でも、それはせっかく幕府が通した道を地元の人はそれから後使わなかったということです。だから雑木林に飲み込まれてしまった。

合理的なものを政府が「机上の空論」で作ってみても、そこに暮らす人々の生活者の実感に裏付けられなければ、いずれ消える。それは古代でも中世でも明治維新でも、変わりません。政策的に行政単位を作ってみてもうまくゆかないということは歴史が証明しているのです。だったら、自然発生的にできる基礎自治体でいいじゃないですか。住んでいる人たちが、ここが私の「ふるさと」だ、私はここに「属している」という実感があるなら、面積がどうであれ、住民数がどうであれ、法人数がどうであれ、税収がどうであれ、そこを基礎自治体として認定すればいい。「ここ」にこだわる人がいるというのには、それなりの理由があるんです。でも、それは「この道を歩きたい」と言って官製の道路を歩かなかった古代人と同じで、「どうしてですか」と理由をたずねても、合理的な論拠は示せない。だって、「気分」なんですから。

住民の「気分」をたいせつにして行政区をつくれ

僕はフランスのコミューンや日本の藩と同じように、面積も人口もさまざまな基礎自治体があればいいと思います。人口が100人の自治体があってもいいし、100万人の自治体があってもいい。みなさん「お好きなところ」に住めばいい。そこに暮らしていると、隣人たちが「同胞」に思える。だから、誰かの身に困ったことがあれば助けるし、自分の身に過分の「いいこと」があったらみんなとそれを分かち合う。そういうことが自然にできる。「この人たち」は自分とある種の運命共同体を形成しているという「気分」を行政の基礎に据えるというのが僕の廃県置藩論です。

かつての「国」が有していたような帰属意識をどうやって基礎自治体の設計に繰り込んでゆくのか、それがこれから始まる急激な人口減少局面におけるきわめて重要な制度的課題であると僕は思います。

人口減少局面では、住民間の自発的な相互支援・相互扶助のネットワークを形成することが死活的に重要となるからです。でも、それを心情的に支えるのは「僕たちは運命共同体だ」という幻想です。ただ、この共同体幻想は政治的プロパガンダとして外部注入できるような軽いものではない。生活文化として、言語や祭祀や儀礼や食文化の同一性として、ずっしりと深く身体化されているものでなければならない。受肉していない幻想的なアイデンティティーは共同体を解体するときには役に立ちます（「非国民」や「売国奴」を放逐するときには幻想はいかなる身体実感の裏付けをも求めません）。けれども、そのような空語によっては共同体を統合することはできません。

どこを郷土と感じ、誰を同胞と感じるかというのはあくまで共同主観的な幻想に過ぎない。それを「虚構だ」と嗤《わら》うことはたやすい。けれども、この幻想抜きでは僕たちの社会のほとんどの制度は存立しないのです。

第7章

地方で生きるということ

脱都会で人間的成熟をめざせ

都会のサラリーマン生活はリスクの高い生き方

地方へ移住し、そこで新たな生活拠点を構築しようとしている若者たちがいます。ここ数年、あきらかに増えている。僕のまわりだけでも、この2年で地方移住者が6人に達しました。総務省はこの統計を示していません。たぶん統計を取っていないのだと思います。少し前に毎日新聞社と明治大学の研究室が共同研究で、地方移住についての調査を行ったことがありました。そのアンケート結果によると、地方自治体の移住支援策を利用して地方に移住してきた人の数が過去3年間で4倍に増えている。数でいえば約1万人です。ただし、47都道府県すべてのアンケートに回答したわけではありませんし、自治体の移住支援策を利用しないで勝手に移住してきた人はここにはカウントされていません。ですから、おそらく都市部から地方への移住者は年間2万から3万人というくらいの数ではないかと思います。そして、それがしだいに増えてきている。

先日は近くの私立大学の三年生が凱風館を訪れて、就農するという話をしてくれました。とくに気負った風もなく、「これからは農業かな……と思って」というふうに動機を語っていました。「親御さんはどう言っているの？」と僕が訊くと「『食えるのか？』って言ってました」と笑った。食べ物を作っているんだから、食うのは大丈夫だろうと僕も笑いました。

でも、やはり時代の潮目が変わったという実感はありました。一つはその大学生が「そろそろ就活かな」と思ったときに「あ、農業をやろう」というふうに「就職先の一つ」として農業を思いついたということです。こんなことは過去にはありえないことです。大学を出て都会育ちの青年が就農するというのは、よほどの決意なり思い入れが必要だった。それがない。肩の力が抜けている。まるで「損保に行こうか、銀行に行こうか考えて、結局銀行にしました」というようなカジュアルな口調で「都会で勤めるか、農業をするか考えて、結局農業にしました」と言う。世の中変わったなと思いました。それだけ地方で就農するという選択肢が、若者たちの目に「オルタナティブ」として有望なものに見えてきているということです。

もう一つは親が反対しなかったという点です。一昔前だったら、息子が就活止めて、農業をやるなどと言い出したら、父親も母親も「何を血迷ったことを言っているのか、目を覚ませ」と怒鳴りつけたり、すがりついたりしたでしょう。そうなっていない。そういう選択肢も「あり」かなと親の世代も納得するほど、若い人たちの雇用環境は変わったということです。

はっきりいって、都市部で就職することの雇用条件が受忍限度を超えるほどに劣化している。賃金はずっと上がらないままですし、新卒でもしばしば非正規雇用で、人件費抑制のあおりでいつ雇用調整されるかわからない。サービス残業や休日出勤も常態化している。心身をすり減らして働いても、そのあと確実にキャリアが開ける保証はありません。日本経済の先行きは五里霧中ですし、勤めた会社が定年まで存在するかどうかなんて一部上場企業であっても誰も保証できない。

それに、若い人の場合、都市部で一人暮らしの賃労働生活をすることはリスクの高い生き方です。血縁・地縁の共同体が空洞化した都市では、十分な蓄えのない個人が病気になったり、失職したりした場合、短期間で一気にホームレス化するリスクを負っています。僕が知る限り、戦後70年で、これほどまでにセーフティネットが弱くなった時期はありません。セーフティネットの整備を法的に規定していくのは憲法です。憲法25条に定められた生存権（「すべて国民は、健康で文化的な最低限度の生活を営む権利を有する」）に基づいて、社会福祉、社会保障の制度は作られているはずです。でも、いまネットメディアでは「生活保護受給者バッシング」がかつてないほど激しいものになっています。貧富格差が拡大し、生活保護なしでは生きられない人々の数が年々増大しているとき、まさに「生存権」が最後のよりどころになりつつあるときに、当の生存権の否定を大声で訴える人たちが出て来た。その声が日々大きくなってきています。人が貧困になるのは自己責任だ。努力もせず、才能のない人間が路上で困窮するのは自己責任であり、行政が税金を投じてこれを救う理由はない。われわれが屋根のある家に住み、暖衣飽食できるのは、自己努力の賜《たまもの》であり、これを他人と分かち合う義理はない。そういうふうにアメリカにおけるリバタリアンのロジックを口真似する人たちが大挙して日本社会に登場してきました。社会福祉の「フリーライダー」たちを処罰しろ、彼らから特権を取り上げろと与党の政治家たちや政権寄りの評論家たちが言うと、ネット世論が喝采を送るという時代になったのです。

これがどれほど自滅的な考え方であるかについてはもう繰り返しませんが、この考え方を突き詰めれば、社会保障制度というものは存在理由を失う。学校も私立のものだけになる。公立学校というのは税金を使って「税金を払っていない人間」に就学機会を授ける機関であるから、「受益者負担」の原則に従えば、存在してはならない。医療保険もそうです。医療に要する保険料を支払えない人間は医療を受ける権利がない。そういう考えを平然と口にする人たちが掃いて捨てるほどいる。

このような社会的分断によって何が起きるか、あまり想像したくありませんが、非常に暮らしにくい社会が到来することは間違いない。アメリカではトランプ政権下で、医療資源の分配を市場原理に委ねるという政策が採択される確率が高くなりました。それは現在生活保護を受けている病人たちの相当数が医療措置を打ち切られて路上に放り出されるということです。それはもう民間の篤志家たちや教会の善意で支えきれるような桁の人数ではありません。それが治安や公衆衛生や社会倫理の頽廃《たいはい》にどのような影響を及ぼすことになるのか、トランプに投票した人たちはたぶん何も考えなかったのでしょう。

公教育制度や社会保障制度がうまく機能するかどうかは、制度設計の巧拙よりはむしろ成員たちがどれほど市民的に成熟しているかにかかっています。

自分たちが帰属しているこの社会集団では、全員が社会資源を奪い合うラットレースを展開しており、最優先課題は自己利益の最大化であり、「他の者はどうなっても構わない」という人たちばかりで構成されている社会では、どれほど巧妙に設計された社会保障も失敗を宿命づけられています。逆に、成員ひとりひとりがそれぞれの能力の範囲内で「他の者がより幸福に生きられるように支援する義務がある」と考えている人々を一定数以上含んでいる社会であれば、かなり雑な制度であっても、きちんと機能する。ことは制度の問題ではなく、人間の問題なのです。

「オレが出した分はオレが使う。他人にはオレの出した分を使う権利はない」ということを社会保障制度について適用することを怪しまない人間がいる。彼らは世の中の仕組みが理解できないのです。彼らは社会集団というのが、成員たちの私財私権の一部を公共に供託することではじめて「回る」という基礎的真理を知らないのです。

人が無知であることは責められません。言っても、彼らは自分がなぜ責められなければならないのか、その理由が理解できないでしょう。ですから、そんな無駄なことをしている暇があったら、相互扶助の仕組みなしに集団は存立し得ないという基礎的な真理を理解している「大人」の頭数を増やす方が話が早い。僕はそう考えています。

例えば、加子母の人たちは「大人」だと僕は思います。人口3000人の村に、27軒の飲食店が共存している。都会のビジネスマンなら、「人口3000人の村で外食産業を経営するとしたら、どうするか」と問われたら、すぐにこう解答するでしょう。ばしばし先行投資をして店舗を新装し、価格を下げ、サービスの質を上げて、競争で同業者他社を次々と潰してゆく。最終的に村に外食レストランが1軒しかなくなれば、それで「勝ち」である。1軒しかなければ、もう村人にはそのレストランに来る以外に選択肢がない。そうなれば、価格設定は思いのままである……凡庸なビジネスマンなら、そう答えるでしょう。

でも、加子母の人たちは「大人」だったので、そういうふうには考えなかった。強い一人だけが生き残り、弱い者は滅びてゆくのは自然過程だ、というふうには考えなかった。村人たちは「生き残るためには、集団として連帯し、相互支援するしかない」という基本的なルールをしっかり内面化していた。ですから、仮に加子母で、「28軒目の店を開きたい」という人が出てきたときにでも、「もう市場は飽和しているのだから、諦めろ」とは言わなかったのではないかと僕は思います。「どうしてもやりたいというのなら仕方がない。村のみんなが月の外食機会を1回増やせば、なんとかなるだろう」。たぶんそういうふうに考えたはずです。

「小商い」というのは経営規模が小さいというサイズの意味だけではありません。右肩上がりの成長と増大を目的としない企業活動であれば、それはサイズにかかわりなく「小商い」と呼んでいいと僕は思います。経済活動を通じて、できるだけ多くの人たちに雇用機会が提供され、できるだけ多くの人が気分よく暮らせるように富が分配されるシステムであれば、それを「小商い」と僕は呼びたいと思います。

もはや「効率化」と「イノベーション」による成長はありえない

日本はいま急激な人口減局面に直面しています。もう経済成長はありえない。それでも、エコミストたちは「それでもなお経済成長が可能だ」と主張しています。本心ではもう経済成長なんかできるはずがないと思っているけれど、それを口に出すわけにはゆかない。かつての大日本帝国戦争指導部と同じです。「こりゃ、負けるわ」と内心思っていても、口に出せない。口に出せば「そういう敗北主義が敗北を招き寄せるのだ」というロジックで袋叩きに遭う。袋叩きどころか悪ければ憲兵隊に逮捕されて、投獄されたり、拷問されたり、狂信的な愛国者に暗殺されるかも知れない。だから、怖くて言えない。いまの日本のエコノミストたちを取り囲んでいる言論状況は戦争末期に至ってなお「もう勝つ見込みはない」と日本の政官財メディアの指導者たちの誰も言わなかった、言えなかった状況とよく似ています。彼らだってそれほどバカではないので、ふつうに冷静に考えれば、「成長できるはずがない」と推論するはずですが、それを口にすると「クラブ」から追放される。嘘をついても「クラブ」に属している方が自己利益の確保はできる。そういう打算が働く。経済成長しなくて、何年か後に「あいつらは全員嘘をついていたのだ」ということが暴露されても、「あいつらは全員」の中に紛れ込める。それこそ数十万人の専門家がこの「嘘」に加担していたわけだから、ひとりひとり名指しで責任を追及することなんかできません。みんなで嘘をついている限り個人の責任は回避できる。でも、いまここで「ほんとうのこと」を言ったら、間違いなく「クラブ」からは追放される。政府系のメディアからはもう仕事が来なくなる。政府委員にもしてもらえない。天下り先もなくなる。講演や執筆のオファーも来なくなる。どこに行っても、「裏切り者」だと白眼視されて、口もきいてもらえない。なぜ自分ひとりがそんな損をかぶらなければいけないのか。そういうふうに考えたら、「経済成長する可能性がある」と言っている方が安全です。そして、実際「経済成長する可能性はある」んです。前にも言ったように兵器産業に特化し、地方を切り捨てて首都圏に全人口を集中させ、カジノや五輪でインバウンドの観光客を釣り、独裁制にして反政府メディアも市民運動もつぶして国是を「経済成長」に書き換え、国民の過半を「鉄鎖以外に失うものをもたない」プロレタリアの境涯に叩き落とせば、短期的には経済成長できるかも知れない（いずれ悲劇的な結末を迎えますが）。だから、あながち嘘とは言い切れない。

いや、それほど極端なことをしなくても、「生産性の向上」や「イノベーション」で経済成長は可能だと強弁するエコノミストもいます。僕は同意できません。

彼らが言う「生産性の向上」というのは、平たく言えば「機械化」と「過重労働」のことです。それしか手立てはない。「機械化」は人間がしていた仕事を機械にやらせること、「過重労働」はこれまで二人でしていた仕事を一人でやらせることです。機械化されればそれまで雇用されていた人間は失職する。過重労働を強いた場合でも、同じです。それまで雇用されていた人間の何割かが失職する。「生産性の向上」というのは要するに同一のタスクをこれまでより少ない人間で果すということであり、端的に雇用環境の劣化あるいは雇用そのものの消失のことです。人件費コストがカットできればもちろん企業は儲かります。でも、その利益は文字通り「労働者の膏血《こうけつ》を絞って」得たものです。

「イノベーション」についても、僕はまったく楽観的になれません。日本の場合、科学技術のイノベーションの80%は大学発です。でも、この20年の間に、日本の大学の学術的発信力は急坂を転げ落ちるように劣化しました。

論文刊行数は学術活動がどれくらいアクティブであるかを見る指標の一つですが、日本は2002年から急減して、2015年度ではアメリカ、中国、ドイツ、イギリス、フランスに次いで5位です。ただし、これは人口が多いせいで下駄を履かせてもらっている数字で、人口当たり論文数に直すと世界35位にまで転落します。東アジアではすでに中国台湾韓国の後塵を拝しています。世界の先進国の中で、論文刊行数が停滞ないし低下しているのは日本だけです。最も国際競争力の激しい分野はITとバイオテクノロジー（とくに創薬）ですが、この二分野ではもう日本は完全に世界に取り残されています。

つまり、これらのデータが示すのは日本の大学のイノベーション能力は近年急激に劣化しているのだけれど、それを国民は知らされていないということです。

僕は大学の現場にいましたから実状はよくわかります。研究する時間がないんですから、学術的なアウトカムが減るのは当たり前です。もちろん、それは人口減が一番の原因です。

18歳人口が激減している。18歳人口が最多だったのは1966年の250万人。近年では1992年が多くて205万人。2015年の出生数は100万人です。一番多かった時点の40％まで減っている。ふつうは子どもの数が減れば、大学数を減らすか定員を減らすかして対応します。でも、日本の教育行政はそうしなかった。大学数はひたすら増え続けたのです。

戦後の新制大学の学制が整った1953年時点での大学数は国公立私立あわせて226校でした。その年の大学進学率は8％。それから半世紀経って、2015年は大学数が779校。3・5倍に増えた。92年を二度目のピークに18歳人口が減り続けているにもかかわらず大学数だけは増え続けた。進学率の上昇を当てにしての増設でしたが、頼みの大学進学率は2011年の51％をピークにして減少局面に入っている。

だから、90年代の途中から、大学教員の最優先業務は「どうやって志願者を集めるか」になりました。「市場に選好される教育プログラム」を案出することが何よりも優先するようになった。生徒たちやその親たちは「クライアント」である。われわれは「店舗」であり、教室で教える知識や技術は「商品」である。市場に選好されなかったら「おしまい」だ。そういう言葉づかいが日常的に行き交うようになった。大学教育が市場における商取引の言葉で語られるようになった。

そんな環境でイノベーションが起きるはずがありません。二言目には「そんな研究をしていて、金になるのか?」と訊かれるようになりました。この場合の「金」には、「志願者を引き寄せて、学納金を引き出せるのか?」「外部資金や科研費を引き寄せて、研究資金を引き出せるのか?」「ベンチャービジネスが買ってくれるのか?」などいろいろな意味がありますけれど、とにかく研究の優先順位は、そこに資源を投下した場合に、どれくらい迅速かつ確実に投下資金を回収できるかを基準に決定されることになりました。

自然科学の場合がわかりやすいですけれど、「この研究はこういうふうに成果を上げて、こういうふうな金儲けに応用できます」ということが研究を始める前の段階で言えるということは、そこにはもう「イノベーティヴなもの」はないということです。イノベーションというのは、「そんなものを発見するとは思わなかった」ような発見を通じて達成されるのです。「セレンディピティ」という言葉がイノベーションについてはよく使われますが、これは何かを探しているときに、探しているものとは違うものに偶然出会うことです。アルフレッド・ノーベルのダイナマイトも、フレミングのペニシリンも、シルバー&フライの「ポストイット」も、「そんなものを見つけるとは思っていなかったもの」を見つけたことによってある種のブレークスルーをもたらした。セレンディピティは研究計画に書くことができません。でも、現在の学術研究はその研究が何に出会うことになるのかを事前に一覧的に開示しなければ、資金がつかない仕組みになっている。「海の物とも山の物ともつかぬ研究」に出す金はない、と先般教育行政の責任者が公言しておりました。そういう人たちが研究資源の配分を決定している国でイノベーションが起きるということは原理的にありえない。そもそも大学への研究資金の配分自体が年々減額されており、2013年度「GDPに占める大学教育への支出のパーセンテージ」で日本はGDPの1・6%。これはOECDで最下位です。過去5年間連続してこのランキングで日本は最下位でした。これからも高等教育に税金を投じる予定はないので、この先進国最下位の地位はこれからずっと続くはずです。

日本は教育政策において０ＥＣＤで最も失敗している国である、というのは海外のメディアでは繰り返し指摘されていますが、日本のメディアはこれを伝えません。ですから、たぶんいまでも日本人の多くは日本の大学教育は「そこそこのレベル」だと無根拠に信じている。もちろん「そこそこのレベル」どころか、東アジアでトップレベルだった時代もあったのです。でも、教育政策の組織的な失敗によって、先進国最低レベルにまで落ちてしまった。

２０１６年秋に出た『フォーリン・アフェアーズ・マガジン』は日本の学校教育の失敗という特集を組んでいました。たいへん参考になる記事だったのですが、もちろん日本のメディアも文科省も何の反応も示しませんでした。

その中で日本の教育に欠けているものとして挙げられていたことの第一は「クリティカル・シンキング（critical thinking）」でした。日本の学校教育は子どもたちに「批評的にものを見る」技術を教えていない。ただ、受験用の問題を解く技術しか教えていない。だから、イノベーションができない。記事はそう書いていました。日本の学校教育は「新しいものを創り出す力」を育てるものではない。文科省の過去20年のグローバル教育政策（ＣＯＥとかＲＵ11とか「グローバル30」とか、いろいろやってきたのです）はあっさり「すべて失敗」と総括していました。

僕は別に『フォーリン・アフェアーズ』の言うことが全部正しいとは言いません。けれども、僕がずっと思っていたことと同じことを考えている海外のジャーナリストがいるということはわかりました。問題は「すべて失敗」と宣告された文科省がこれに対して一言の反論もしていないことです。文科省の役人たちが自分たちの施策が成功していると信じているなら、反論して然るべきでしょう。「ふざけたことを言うな」と。こんな記事を読んで、それを流布する人間がいるかも知れないじゃないですか（僕のように）。それがもたらす風評被害を阻止するためには、エビデンスを挙げてきっちり反論すべきでしょう。でも、しない。誰も、何もしない。それは彼ら自身が「失敗した」とわかっているからです。

グローバリストは日本でしか生きられない人を最下層に位置づける

日本ではもう「イノベーション」が起こらないだろうという話をしているとこ

ろでした。経済成長のためには「生産性の向上」と「イノベーション」があればいい、と。そういうことを書いているエコノミストたちがいる。いるというか、ほとんどそうです(例外は水野和夫さんと浜矩子さんと金子勝さんと藻谷浩介さんくらいでしょうか)。

でも、残念ながら、それらの楽天的なエコノミストたちの中にも日本の企業経営者にも、雇用を減らすことなしに生産性の向上を達成することができるアイディアを持っている人はいません。いや、実際に雇用を創出しつつ、かつ生産性の向上を実現している経営者はいます。でも、彼らは別に経済成長のためにそうしているわけではありません。たぶん、「雇用を確保するため」にあれこれ工夫しているうちに生産性が向上してしまったということではないかと思います。「雇っている人たちをなんとか食わせなくちゃいけない」というので、あれこれ算段していたら、「全員を食わせることができる手立て」を思いついた。そういう順番だろうと僕は思います。そういう成功した経営者はいます(僕も個人的に知っています)。でも、それは例外的です。ほとんどの経営者は「経済成長するためには生産性の向上や、イノベーションが必要だ」という順序でものを考えている。だから、生産性の向上もイノベーションも果すことができない。そういうことだと思います。

「小商い」というのは、「どうやったらみんなが食えるようになるか」という問いをまず考えるところから始まります。「どうやって完全雇用を実現するか」。それが最終目的であるような経営のことを「小商い」と言う。これの規模の大きなものを「国民経済」とかつては呼びました。池田勇人内閣のときに「所得倍増」を企画した大蔵官僚下村治の言葉です。

「本当の意味での国民経済とは何であろうか。それは、日本で言うと、この日本列島で生活している一億二千万人が、どうやって食べどうやって生きて行くかという問題である。この一億二千万人は日本列島で生活するという運命から逃れることはできない。そういう前提で生きている。中には外国に脱出する者があっても、それは例外的である。全員がこの四つの島で生涯を過ごす運命にある。

その一億二千万人が、どうやって雇用を確保し、所得水準を上げ、生活の安定を享受するか、これが国民経済である」（下村治『日本は悪くない――悪いのはアメリカだ』、ネスコ、１９８７年、強調は内田）

下村治がこう書いたのは、1987年のことです。それから30年。いまも当時も自民党政権ですが、下村のこの国民経済論に同意する政治家も官僚も財界人も、ジャーナリストさえいまの日本にはもうほとんど存在しません。僕たちはまずそのことに驚くべきでしょう。下村は別に机上の空論を述べていたわけではありません。彼は戦後日本でもっとも成功した経済政策を起案し実施した実践家です。その「もっとも成功した経済政策」の最優先課題は「日本列島で生活するという運命から逃れることはできない」同胞をどうやって食わせるかということでした。

もうそういうふうに経済を論じる人は日本の指導部にはいません。いまの日本では、「日本列島で生活するという運命から逃れる」ことのできない人間たちはグローバル経済の時代の敗者に類別されます。列島内の生産性の低い産業セクター（例えば農林水産業）にしがみついている人は、「日本列島で生活するという運命」から逃れようとしなかったせいで、困窮しているわけであるから、その貧苦に自己責任で耐えるしかない。グローバリストたちは当然そう答えるでしょう。この生き馬の目を抜くグローバル資本主義の時代に生き延びたければ、「日本列島から逃れる」ことのできるような機動性の高い人間になれ。それができないやつらは、飢え死にしても文句を言うな。それがグローバリストの本音です。

現代日本で国民を格付けしている指標は「機動性」です。文字通り、移動できる能力です。国境を越え、人種も宗教も生活文化の差異も超えて、世界中どこでも生活できる能力のことです。世界中どこにでも友人知人があり、世界中どこでもビジネスのネットワークを構築できるような能力を持つ人間のことをメディアはまるですべての日本人のロールモデルのようにありがたがります。彼らは日本に住まなくても、日本食が食べられなくても、日本の友人知人がひとりもいない環境でも、日本の景観や芸能や宗教に触れることができなくても「気にならない」人間です。そういう人間を理想にしてグローバル人材育成教育というものが行われている。つまり、文字通り日本がなくなっても、日本列島が水没しても、日本列島が原発事故汚染で居住不能になっても、日本語話者が消滅しても、日本文化が消えても、「オレは別に困らない」という人間をわれわれの社会は理想として戴いている。そういう人間になるべく自己陶冶《とうや》の努力をするようにと学校で教えている。

下村治の国民経済論は僕には深く納得できます。英語もできないし、海外に住む家も持っていないし、海外でビジネスネットワークもないし、そもそも日本列島以外では生きた心地がしないという「この四つの島で生涯を過ごす運命にある」同胞たちをグローバリストは「社会の最下層」に格付けします。でも、僕は逆に考える。「日本なんか滅びても、オレは別にダメージはない」という人は元気に暮してくれていい。ニューヨークでも、シンガポールでも、好きなところでグローバルなビジネスを展開してくだされればいいと思う。でも、そういう人たちに「日本社会はこれからどうあるべきか」について偉そうなことを言って欲しくない。

「小商い」と「国民経済」はスケールは違いますけれど、発想の根本は同じです。それは「まず人間がいる」ということです。「まず金が要る」ではない。まず人間がいる。生身の人間がいる。住むところと、食べるものと、着るものを毎日必要として、毎日8時間くらい眠って、ときどきお風呂にも入って、一日の終わりには友だちとお酒を飲んで、休みの日には旅をしたり、本を読んだり、山に登ったり、泳いだり、釣りをしたり、そういうことをしていないと「生きた心地がしない」という生身の人間に、気分よく生活してもらうためにはとりあえず何をすればいいのか、それをまず考える。その上で、それが可能になるような社会制度を考える。そういう順番でことが進むべきだと僕は思います。

まず国民国家があるとか、まず市場があるとか、まず資本主義経済体制があるとか、まず会社があるとか、そういうふうに僕は考えません。もちろん、そういう制度は「もう」存在します。でも、「もう存在する」ということと「まず存在する」とは違う。人類史上の順番では、あらゆる制度はまず人間が愉快に生きられるように考案された。制度がうまく機能するように人間が生まれたわけではない。

経済活動は人間が「市民的成熟」するために生み出されたもの

交換行為というのは、人間が社会的存在として成熟するための「仕掛け」です。人間に交換本能があったわけじゃありません。ものを交換するためには、いろいろな社会制度を整備し、社会的な成熟を達成することが必要になります。適切に、持続的に交換できるようにするためには「大人になる必要がある」。だから、人類は経済活動を始めたのです。まず人間の成熟、そのためのきっかけとしての経済活動。その順番を忘れてはいけない。

経済活動の本質を教えてくれる事例として「クラ交易」があります。人類学者マリノフスキーがトロブリアンド諸島で見出した、経済活動の起源的形態をいまに伝える制度です。

クラ交易で交換されるのは貝殻でできた装身具です。それ自体はサイズが小さすぎて着用できないので何の実用性もありません。

交換の第一の目的は、その実用性ゼロの装身具の交換がスムーズに行われるように、クラ儀礼の当事者の間で揺るぎない信頼関係を築くことです。トロブリアンド諸島では、人々は隣接する島々に自分の「クラ仲間」を有しています。その仲間たちと交換を行う。島と島は潜在的な敵対関係にあるという「お話」になっているので、クラ交換のために隣の島を訪れている間、その島にいる「クラ仲間」は彼の安全を保障する役割を担います。ですから、「クラ仲間」がその集団内での実力者であったり、人望の高い人であることが望ましい。もちろん、「クラ仲間」がたくさんいればいるほど島に滞在している間の時間は安全でかつ愉快なものになる。

でも、それだけではありません。クラ交換するためには帆船を仕立てて遠洋に漕ぎ出す必要がある。当然、造船、操船技術、海洋気象学、天文学などの知識と技能を習得しないものはクラ交易に参加できない。そして、最後に、クラ交易に行くときには島の特産物を携行して、よその島の特産物と交換する。

ふつう「経済活動」というと僕たちは最後のものだけを考えます。けれども、クラ交易を見ればわかるとおり、有価物の交換というのは、実は交換活動の「おまけ」なのです。クラ交易において、最優先の課題は「異族のうちに信頼できる友だちを作ること」。第二の課題は「航海術の習得」です。僕はここに人間の営む経済活動の意味のほとんど全部が詰まっていると思います。友だちをつくること。風と水のエネルギーを人間にとって有用なものに変換する技術の習得です。人間と人間の間の相互扶助・相互支援的な人間のつながりをつくること。「歓待」や「信頼」や「約束」や「保障」という「人間的」な概念によって人間と人間を結びつけること。それが交換が最初にめざすものです。その次に、交換が定常的に維持できるように制度的な工夫を凝らすことが来る。度量衡、通貨、為替、商習慣、商法についての合意形成。交通手段、通信手段の整備。そうやって人間は経済活動を通じて社会的存在としての成熟を果たした。

もう一度繰り返しますけれど、経済活動は人間の社会的成熟を支援するために人間が創り出したものであって、経済活動を維持するために人間がいるわけではありません。それが経済について考えるときの基本です。そのことがわかっていない人たちが経済について語る言葉はすべて「空語」です。その「空語」がもとで実際に人が死んだり、戦争が起きたり、国が滅びたりすることがあったとしても、それが空語であることに変わりはありません。

僕が「小商い」を薦めるのは、それが経済の原点に回帰するきっかけになるからです。小商いは人をして「なぜわれわれは交換という行為を行うのか」という根源的な省察に導きます。それは企業に入って、月に100時間残業して過労死寸前になったり、ディスプレイの前で眼を赤くして株価の乱高下を見ている人間の脳裏には決して去来することがない問いです。でも、経済活動というのが「ほんとうは何であるのか」を知らない人間が経済活動を通じて何らかの人間的価値を創出することはありません。絶対に。

第8章

「個人」から「集団」へ

共同体主義で〝危機〟を乗り切れ

農業の価値は「生産性の低さ」

若い人たちが農業を目指すのにはいろいろな理由があります。でも、大きな理由の一つは農業が現代において例外的に生産性の低い産業だということにあると僕は思っています。「生産性が低い」というのは、ひとつのタスクを達成するために多くの人手が要るということです。

逆に言えば、「生産性が高い」というのはできるだけ少ない人数で仕事を仕上げることができるということです。雇用が減るということです。雇用と生産性はゼロサムの関係にある。エコノミストは口にしたがりませんけれど、それが事実なのです。

人間が経済活動をするのは社会的成熟を果すためです。そうであるなら、できるだけ多くの人間が経済活動に参加することの方が生産性や利益率や株価よりもはるかに重要です。僕はそう考えています。僕たちが過去20年間のグローバル資本主義の推移を通じて学んだことは、グローバル資本主義は雇用機会の拡大にも、市民たちひとりひとりの市民的成熟にも何の関心もないということでした。

ということは、グローバル資本主義のルールの下で行われているもろもろの営みは言葉の正確な意味での経済活動ではないということです。

都市での賃労働に見切りを付けて農業に向かった若者たちは別にそこで合理的な経営をしたり、機械化を進めたり、資本の集中による「強い農業」を立ち上げたりするつもりでいるのではありません。逆です。彼らが農業に還ったのは、それが際立って生産性の低い仕事だったからです。

そうである以上、まず信頼できる人間的ネットワークを立ち上げることが必須となります。相互扶助・相互支援的な人間のつながりをつくり、「歓待」や「信頼」や「約束」や「保障」という「人間的」な概念によって人間と人間を結びつけることが必要になる。

農業では、一つのタスクを達成するために大人数の手が要ります。その人的リソースは「賃金」で雇い入れることはできません。山林の保護とか、水路の確保とか、道路の整備とか、そういうことは誰も一人の力ではできない。自分たちでやるしかない。そのためにはまず「私たち」と発語しうるような、一人称複数的な主体をこそ「農業の主体」として立ち上げるしかない。単数では存立しえないのです。小説を書いて原稿料をもらうとか、作曲して印税を手に入れるとか、株の売り買いをするとか、そういうことは「ありもの」の社会構造の上に乗って、一人でもできる。でも、農業は一人ではできない。

そもそも彼らが都市を離れて帰農できたのも、「人手が欲しい。誰か来てくれ」という農村側の要請があったからです。「メンバー求む」という告知があったから、農村に定着することができた。

村落共同体というのはもともと閉鎖的なものです。定常的であるというのは、変化を嫌うということです。だから、新しいメンバーの参加に対して警戒的になるのは当然です。

これまでも例えば1970年代に左翼の運動から召還した過激派の青年たちの一部は就農をめざしました。帝国主義的企業なんかに勤められるかという潔癖な嫌悪感からだったのでしょうけれど、実際に農村に定着できたのはほんの一握りにとどまりました。例外的に自分たちだけの閉鎖的なコミューンのようなものを作って帰農した集団はありましたが、まったく縁もゆかりもない村落共同体に個人の資格で迎えられた例はきわめて少なかったはずです。それくらいに村落共同体は閉鎖的だった。

でも、その風向きが変わった。それは農村部の急激な人口減少のせいです。列島全土に限界集落、準限界集落と呼ばれる地域が拡がった。そのまま放置しておけばやがて人口が減り、耕作放棄地が増え、「行政コスト削減」という名目の下、鉄道が廃線になり、道路や橋やトンネルの補修に予算がつかなくなり、学校が廃校になり、交番も消防署も病院もなくなる。そして、ある時点で、地域全体が居住不能になる。

そのことへのつよい危機感の方が「よそもの」に対する警戒心に優先した。だから、これは日本の歴史においてもかなり例外的なできごとだったのだと思います。いまから20年前だったら、村落共同体は簡単には都市の青年を受け入れなかったでしょうし、いまから20年後だったら、もう受け入れる村落共同体そのものが消滅している可能性がある。そのすれすれの時間帯と3・11以降の「Iターン、Uターン」の流れがたまたま遭遇した。そういうことだと思います。

農業は「人手が要る」。季節や作物の種類によっては「猫の手も借りたい」というくらいに求人のハードルが下がる。だから、まったくの未経験者であっても、農村に定着する意思を明らかにすれば、農作業以外に、山林を守り、道路を補修し、水路を整備し、屋根を葺き、祭礼を守り、寄り合いに集まり……とさまざまな活動への参加を求められる。そういう活動を通じて、都会から来た若者たちはしだいに一人前の「百姓」に仕上がって行く。そういう漸進的な成熟プロセスが可能なのも、農業がとにかく「人手が要る」仕事だからです。生産性が低いからです。

農業には人を市民的に成熟させる力がある

「強い農業」ということを掲げている人たちがいます。グローバル資本主義と農業を両立させることを目指しているらしい。僕はこの企ては遠からず破綻すると思います。それはもうすでに何度も指摘していることです。企業経営というのは「コストの外部化」によって成り立つものですけれども、農業にはコストを外部化する余地がないからです。

農業が成り立つためには、「農業ができる環境」が必要です。それは手入れされた山林であり、きれいな水が流れる河川であり、整備された道や橋です。それを管理しているのは農業従事者たちです。あるいは土地の祭祀や儀礼や芸能の伝承もそのような「環境」の一つと言えるでしょう。祭祀や儀礼を守ることを通じて、村落共同体は共同体としての一体感を生気づけている。そして、そういう活動はすべてこれまで農業従事者たちの「不払い労働」によって支えられてきたものです。内山節はこう書いています。

「山村に滞在しているときは、私はたまに村の人たちと一緒に山菜や茸を採りにでかける。そんなとき村の老人たちは、昔からの習慣に従って、鉈やノコギリ、縄などを腰に下げてくる。山道がふさがれているときは枝をはらい、蔓にからまれている木をみつけると蔓を切る。山や木の所有権が誰にあるかなど構うことはない。山の生命力を維持していくことの前に、所有権など二次的な問題である。……貨幣に裏付けられた価値をつくりだすことだけを労働と考えるなら、それははなはだしく非生産的な労働である。しかし昔からの村人にとっては、自然は貨幣的な価値の源泉である前に、使用価値の源泉である。それに人間の作用、即ち

労働が加えられることによって、本当の使用価値は生まれてくる」（内山節『自然と人間の哲学』、岩波書店、1988年）

この老人のしている「山の生命力を維持」する活動は賃労働ではありません。誰も彼に労働の代価を支払わないからです。でも、この活動抜きには実際には農業が成り立ちません。

さてもし、営利企業が農業経営に乗り出してきたときに、企業はこの「不払い労働」を引き受けるでしょうか。僕は引き受けないと思います。

資本主義経営とは一言でいえば「どこまでコストを外部化できるか」の工夫のことです。工場が汚染水や排気ガスを海洋や大気に放出するのは公害対策コストの外部化です。行政に交通インフラの整備を求めるのは流通コストの外部化です。原発稼働を求めるのは製造コストの外部化です。「グローバル人材育成」を大学に求めるのは人材育成コストの外部化です。そうやって、企業活動のために必要不可欠なものの供給コストを「誰か別の人」に押しつけるのがコストの外部化ということです。ですから、農業経営のために必須ではあるけれど、森林の管理や河川海洋の管理、あるいは交通インフラの整備に要するコストを企業は拒否するでしょう。「それは行政の仕事だ」と言うはずです。「そういう仕事は税金で賄うべきだ」と。その分の法人税は払っているぞ、と。

たしかにそうやって「農業ができる環境整備に要するコスト」をすべてよそに押しつけて、営利目的の農業だけに専念していれば個別企業としてはそこそこ利益が上がるかも知れません。でも、それは実際にはこれまで農業従事者が「不払い労働」として自分で引き受けてきたコストを外部化して、それを自社の利益に付け替えているだけのことです。

「強い農業」というのは生産性の高い農業、すなわち人件費コストがかからない事業のことです。ですから、原理的に「強い農業」がその地域に新たな雇用を創出するということはありません。広大な農地に、農業従事者がほとんどいない状態で、機械だけが作動しているというのが「強い農業」の理想の姿なんですから。働く人がいないから、地元での消費活動も刺激しない。企業を誘致してはみたけれど、雇用も創出しないし、地域経済への還流もないと知れば、いずれ行政も「私企業のために、そこまで税金を投じられない」と言い出すでしょう。そうなったら企業は「じゃ、止めます」と言って農業を止める。その時点までに投じた金額と回収した金額で差し引き1円でも利益が出ていれば、企業的にはそれで「成功」なわけです。そして、後には荒廃した山河と無人の耕作放棄地だけが残される。

２０１２年の大飯原発再稼働のとき、日本の財界がどういうロジックで当時の野田佳彦内閣を恫喝したかご記憶でしょうか。彼らはこう言ったのです。原発を再稼働しなければ電力コストが上昇して、日本企業の国際競争力は低下する。だから、再稼働しないのであれば、われわれは日本を捨てて製造拠点を海外に移す。そうすれば、国内の雇用は消失し、地域経済は壊滅し、法人税収入は失われるが、それでもいいのか、と。それで日本経済がどれほどのダメージを受けても、それは原発再稼働を渋った日本政府と日本国民の責任であり、われわれは関知しない、と。この恫喝に屈服して政府は再稼働を容認したわけです。

このときに「1円でもコストが安いところで操業するのが企業の常識である。操業している地域での雇用創出や経済波及効果を保証する義務は企業にはない」というルールを日本人は受け入れた。だとしたら、企業がその同じルールで農業に参入してきたとき（そして、「後は野となれ山となれ」と言って去っていったときにも）にそれを批判するロジックは国民の側にはないということです。

僕自身はそもそも「強い農業」というものが資本主義経営のかたちで農村に定着するということを信じません。コストをきちんと計算して、それを企業が引き受けていたら、農業はまったく「間尺に合わないビジネス」だからです。

「強い農業」の旗印を掲げて農業に参入してくる企業は、これまで農業従事者が「不払い労働」として負担してきた「農業ができるための環境整備コスト」をほとんど全額税金で賄うように地元自治体に必ず要求してきます。目先の税収や地元経済への波及効果を期待して企業を受け入れる無思慮な自治体がきっと出てくるでしょうけれども、むしられるだけむしられた後に、荒廃した山河と耕作放棄地だけが残ったとき、それについて誰が責任を取るのでしょうか。ことを始めた人間たちはとっくの昔に退職するか、死ぬか、姿をくらましていますから、責任を取れる人間はそのときにはもうどこにもいない。

あらためて申し上げますけれど、農業は生産性の低い産業です。そして、そのことはいわゆる経済合理性にはかなっていない。けれども、「できるだけ多くの人を経済活動に参加させ、その共同的な事業を通じて、その社会的成熟を支援する」という経済活動の人類学的本旨にはかなっている。「完全雇用」が経済学の目的だとケインズは言いましたけれど、それは経済活動が要求する人間的ネットワークへの加盟が市民的成熟にとって不可欠のものだという、人間についての知見も踏まえて言われた言葉ではないかと僕は思います。

「脱個人主義」が日本のマンガを世界一にした

現代社会では、誰もが競争的環境の中に投じられ、そこで優劣を競い、より高い格付けを求めている。多くの人はそう考えています。けれども、人類は有史以来つねにそのように生きていたわけではないし、いまでもすべての社会集団がそのように生きているわけではありません。個人の優劣を競うことよりも、集団で生き延びることを優先させる集団があります。その好個の例がマンガ家たちの世界です。

先日、マンガ家であり、京都精華大学学長の竹宮惠子さんと対談をする機会がありました。竹宮さんの世代は山岸涼子、大島弓子、萩尾望都、青池保子、木原敏江ら〝花の24年組〟と呼ばれた錚々《そうそう》たるマンガ家を輩出しました。竹宮さんのお話を聴いて僕が一番感動したのは、マンガの技術に関しては、彼女たちが最初から「パブリックドメイン」という考え方を採ってきたということです。

誰かが斬新なコマ割りを考え出すと、翌月にはすぐみんながそれを採用する。キャラクター設定にしても、ストーリーパターンにしても、スクリーントーンの貼り方にしても、「眼をきらきら」させるホワイトの飛ばし方も、誰かが始めて、「あ、この手があったか！」と知られると、業界全体が一斉に採用する。はじめに考案した人も「私のオリジナルだ、真似するな」というようなせこいことは言わない。

作画技術が向上すれば、マンガの質が上がり、読者が増え、雑誌が増え、単行本が売れ、マンガ家志望の若者が増え、さらにマンガの質が上がる……そういう循環が成り立てば、最終的にマンガ業界にかかわる全員が受益する。彼女たちはそういう考え方を採ったのです。

彼女たちの作品はすでにロシア語、アラビア語、ウルドゥー語などなど世界中の言語に翻訳され、海外に何千万人という読者を獲得するに至っています。それもはじめは日本語のわかる愛読者が自力で自国語に翻訳して、それをネットにアップロードしたのを一般読者が読んでファンが広がっていったのです。

もしこのときに「勝手に海賊版をつくるな」とうるさく法規制していたら、どうなっていたでしょう。海外に熱烈なマンガファンをつくり出すことは難しかったでしょう。

幼い時から、自国語に訳された日本のマンガを読んでいた読者たちが、いまでは京都精華大学の竹宮さんのマンガ学科にマンガを学びに留学しに来ています。質の高いマンガを提供する。それを理解できるだけのリテラシーの高い読者をつくり出す。そうやって「パブリックドメイン」を最大に活用した結果、日本のマンガは世界のトップになれたのです。

文学はマンガに比べるとずっとコピーライトがうるさいです。技法やキャラ設定などを真似したら、すぐに盗作騒ぎが持ち上がる。単行本が売れなくなるから、本を図書館に置くな、ネットで中身を公開するなといったことを言う書き手もいます。でも、日本文学には世界に何億人もの読者をもっている作家なんかいません。純文学月刊誌の発行部数は5000部そこそこです。この事実が「個人としての評価を求めること」と「集団としての生き残りをめざすこと」のどちらがジャンルの繁栄に資するのかをはっきり教えていると僕は思います。

「勝者に報奨を、敗者に処罰を」。このルールが日本を脆弱にする

戦後日本は一貫して「個人主義」をめざしてきました。集団より個人が大事。これは戦争の経験から導かれたひとつの見識だったと思います。でも、行き過ぎた。自己利益を集団より優先した方がいいときもあるし、集団としての生き残りを自己利益より優先させた方がいいときもある。状況によりけりです。平和で豊かな時代なら、自分のことだけ考えていればいい。でも、貧しく危険な時代なら、自分のことだけを考えている人間の方が先に死ぬ。そういうクールな話です。

共同体主義というのは、ふつうに考えられているように、成員をひとしなみに均質化することではありません。同調圧力がかかるのは、安全な社会の、効率優

先の集団においてだけです。危機的状況では、成員がみんな似たものであることはむしろリスクを増すからです。できるだけ成員の能力や適性が「ばらけている」方が集団として生き延びるチャンスが高い。オレは医療技術がわかるとか。オレは毒キノコが見分けられるとか、ボートを漕げるとか、ヘリコプターを操縦できるとか。余人をもって代えがたい、かつ集団が生き残るには欠かせないさまざまな技能を持つ人たちで組織された集団が最も強い。

黒澤明の映画『七人の侍』を見れば、危機的状況を生き延びる集団がどういう組織なのかがわかります。七人の侍の個性はすべて違います。戦闘集団なら凄腕の剣士だけ揃えればいいとふつうは思うでしょうけれど、彼らはそうではない。腕はいまいちだが場を明るくする人間がおり、あまりに幼いので「この若者を死なせてはならない」と大人たちを結束させる人間がおり、横紙破りがおり、イエスマンがおり、調停役がおり、道化役がいる。七人の資質がバランスよくばらけているせいで、最強の戦闘集団ができあがる。それが共同体主義の考え方です。

一向一揆によって100年にわたって自治がなされた加賀国は「百姓の持ちたる国」と呼ばれましたが、この場合の「百姓」は文字通り「さまざまな職能をもった人々」のことです。農民もいたし、職人もいたし、芸人もいたし、もちろん武士もいた。強い集団というのは決して同質的な集団のことではありません。均質的になればなるほど、集団の「生き延びる力」は弱くなる。

同調圧力が強い集団が存在できるのは、人々が自己利益だけを考えて、集団の利益を配慮しなくても、特に問題が起きないくらいに平和で豊かな社会においてだけです。同調圧力を高めて、個人を定型にはめこみ、単一の度量衡で格付けし、上位者に報奨、下位のものに処罰を与える「キャロット&スティック（人参と鞭）」戦略が有効なのは、「危険なことは何も起こらない社会」においてだけです。

「競争勝者には報奨を、敗者に処罰を」というルールで集団を管理していれば、いずれ人々は自分以外のすべてのメンバーが自分より愚鈍で無能であることを願うようになる。その方が自己利益が増大するのですから、そう考える。でも、そうやってお互いが自分以外のすべてのメンバーの成長を阻害し合っているうちに、集団そのものが「使えない人間」たちで埋め尽くされてしまう。たしかに「多少使える人間」はそこでなら「選択と集中」の恩恵をたっぷり受け取れるでしょうが、集団自体は、外から一撃されただけで崩壊してしまうほど脆くなる。それがいまの日本の実情です。

僕が個人主義から共同体主義への移行を説くのは、個性を押しつぶしたいからではありません。本気で個性的な人間に出てきてほしいからです。

第9章

脱「市場経済」

市場に委ねる部分を減らしていく

「市場の全能」を停止させなければ、格差拡大は止まらない

生きてゆく上で必須の、基幹的なサービスが次々と市場に投じられ、商品化されています。これまで共同体内部で互助的に、しばしば無償で担われていたサービス――育児、教育、医療、介護――が商品化され、市場で売り買い可能なものになった。

お金さえあれば生きてゆくために必要なものが何でも市場で買えるというのはある意味ではすばらしいことです。お金を稼ぐことだけに集中して、それ以外のことは考えずに済みますから。人間として生きる上で必要なものは全部マーケットで値札がついて売っている。金さえあれば誰でも買える。個人で暮らす立場からすれば、これほど生きやすいことはありません。

でも、それは逆に言えば、お金がないと生きていく上で必須の支援さえ手に入らないということを意味しています。かつては質の高い生活を送るためには地域社会に根づき、親族や友人と信頼関係で結ばれていることが必要でした。それが「金がある」ことに取って代わられた。かつては「大人であること」や「義理堅

い」ことや「面倒見がよい」ことが集団内部で快適に過ごす上でかなり優先順位の高い資質でしたが、それが「金がある」ことに取って代わられた。

快適に生きてゆくために必要な条件が「金」に一元化するというのは、けっこう怖い話です。というのは、それは格差を急速に一方向的に拡大させるからです。一定期間に1万円を100万円に増やすのは相当の工夫が要りますけれど、1億円を1億1000万円に増やすのはそれほど難しくはありません。100億を101億円に増やすというタスクはもっと簡単です。でも、増えた金額そのものを比べると桁違いです。金を持っている人間はどんどん金持ちになる。

それはどのようなリソースについても実は同じなんです。「大人である人」の周りにはどんどん「大人」たちが集まってくる。「大人たちだけで構成された」組織の成員たちは相互に成長を支援し合うことを通じてさらに大人になる。「義理堅い人」でも「面倒見がいい人」でも事情は同じです。そういうすぐれた資質を備えた人たちは、気がつけば同類同士が集まり、彼らが共有する資源はその集団に排他的に蓄積されるようになる。「賢い人はダマになっている」とかつて橋本治さんが喝破したことがありましたが、ほんとうにそうなんです。

なんでも「ダマ」になる。だから、当然「金持ち」たちもダマになる。質の高い情報を持つ人はそれを「ダマ仲間」にこっそり伝えることができる（どこに新幹線が通るとか）。お金がある人はそれを利用して短期的に大金を得ることができる（新幹線予定地を二束三文で買ってしまうとかして）。ですから、似たもの同士が集まることは止められません。自然過程なんですから。だから、階層格差が生じる。

格差の拡大は誰かの邪悪な意思によって起きているのではありません。市場の合理的な選択の帰結なのです。超富裕層に権力も財貨も文化資本もすべてを集中した方が短期的には資本主義は快調に運転する（先のことさえ考えなければ）。でも、それはあくまで「先のことさえ考えなければ」という条件付きの話です。人間にとって必要な資源が少数者に排他的に蓄積された場合には、集団全体の生命力は衰えます。イノベーションも起こらなくなる。危機的状況に際しての対処もできなくなる（集団成員のほとんどがそのメンバーであることにうんざりしている集団を守るために命をかけて戦うというようなことはありませんから）。格差が拡大すれば、遠からずその集団は衰退する。そのことに国民たちはいい加減に気づくべきです。「市場は間違えない」という信憑に居着いているうちに、国民の過半が当の市場によって切り捨てられる。市場は「目先の銭金」のことにしか反応しないからです。ですから、市場に委ねている限り、格差拡大は絶対に止まりません。だから、どこかで強い意志をもって市場の全能を停止させなければならない。

日本では明治時代以降、階級制は廃止されたことになっていますが、それは表向きの話です。大手グローバル企業のトップや与党政治家たちは皇室を頂点とする旧財閥系の姻戚関係者で固められています。医師や学者も芸能人も、もう世襲がふつうです。所得格差どころか階級が固定化しつつある。社会的流動性が急速に失われている。

家事労働をアウトソーシングする方がいいという話が出てきたのは80年代以降です。フェミニストたちの中には、家事労働は女性だけに押し付けられた「不払い労働（シャドウ・ワーク）」である、これを可視化すべきだ、きちんとした知識と技能を要求する職業として、サービスとして、市場で適正な値札をつけて売り買いすべきだ、という主張をなす者がありました。中には「私は専業主婦だが、価値ある家事労働をしているので、その代価を夫から給与として受け取っている」という人もいました。家事労働が「不払い労働」であったこと、それを市場で商品として購入しようとしたら、どれほどの代価を請求されるか。それを可視化したことは、この運動の手柄でした。

けれども、人間のさまざまな営みの意味や価値を「それを市場で調達した場合に、いくらの値が付くか」によって考量するという発想はそれほど健全なものなのかどうか、正直申し上げて、僕はかなり懐疑的です。それでもとにかく、「人間の労働の価値は市場で値付けされる」というルールがその時点で導入されました。そして、それ以後、家事だけでなく、育児も介護も教育も、できるだけ市場に任せるべきだという意見が支配的になってきた。市場に委ねれば、最終的には最も良質なサービスを最も安価に提供するところが勝ち残って、それ以外は淘汰され、結果的にすべての国民はその恩恵を享受できる。そういう話にみんな頷きました。そして、市場原理が、社会生活のあらゆる領域に侵入してきて四半世紀が経ちました。

市場原理が覆い尽くした社会からの脱出、それがいま起きている帰農というムーブメントの人類史的な意味だと僕は理解しています。市場経済に覆い尽くされた社会から、とりあえず「市場と切り離された場所」を創り出すこと、それが生き延びるための急務であると考える人たちが出てきたということです。

「脱市場」といっても、市場とまったくかかわらずに生きていくことは現代では不可能です。できるのは、市場に委ねる部分を少なくしてゆくことだけです。既に商品化されてしまった人間的活動の一部も、できうるならば市場から奪回する。

先日、東京の知人から「保育園は100人待ち。仕方ないので無認可の保育所に預けようとしたら月30万円かかる」と聞きました。子どもを預けて働いても給料をそっくり保育所に払うことになる。確かに金さえあれば、育児業務を誰かに代行してもらうことはできる。でも、金がないと誰にも頼めない。誰にも頼めないと、仕事ができない。仕事ができなければ金が入らない。そういう出口のないループの中に若い夫婦は追い込まれている。

それに対する解の一つは「共同育児」です。僕が主宰している凱風館道場の門下生たちは「共同育児」を実践しています。門人の一人は出産をきっかけに、道場のすぐ近くに3階建ての一軒家を借りました。2階のリビングを近所のお母さんと子どもたちに開放しています。母親たちが何人か集まって、共同で乳幼児の面倒を見る。営利ではないので、費用は昼食代や光熱費の実費だけ。食事は親たちが交代でつくり、子どもたちの相手も交代で受けもつ。自宅での「密室育児」はきわめてストレスフルですけれど、共同育児の場があれば、親はずいぶん育児ストレスから解放される。いろいろなイベントがあるので、うちの道場の若い男性門人たちもそこに遊びに行ったついでに赤ちゃんをあやしたり、おしめを替えたりしています。いまの日本では、未婚の人が育児にかかわる機会はほとんどありません。生まれてはじめて抱いた赤ちゃんが自分の赤ちゃんだったという人だって珍しくない。それでは育児がハードでストレスフルな仕事になるのは当然です。

できるだけ早い時期から、できるだけ多くの人が、できるだけさまざまなタイプの赤ちゃんとかかわりをもつ、というのはとてもたいせつなことだと思います。「共同育児」は単に育児という「負荷」をみんなで分担して負担を減らすということだけでなく、育児する「機会」に多くの人が触れることで、人間的成熟を促すという教育的な意味もあります。そんなことは、もともと少しも特別なことではなかったのです。未来を担う世代の育成は集団が担うべき事業であって、親の個人的な仕事ではない。その「常識」をもう一度回復すべきだと思います。

「拡大家族」をつくり相互扶助せよ

この先、日本の貧困化は不可逆的なプロセスをたどるだろうと僕は予測しています。低所得者世帯の割合を示す「相対的貧困率」は２０１４年で16・１％。これらの世帯で暮らす18歳未満の子どもの貧困率も16・３％。いずれも過去最悪を更新しました。

とりわけ若年層の貧困化が顕著ですが、この流れはもう止まらないでしょう。政府は「経済成長」を掲げていますが、官製相場での株価操作と原発再稼働と法人税減税といった大企業優遇・富裕層優遇しか策がない。貧困世帯を放置しておいて、ＧＤＰの6割を占める個人消費が増えるはずがない。いまの経済システムは、格差の拡大、富の偏在に対して打つ手がありません。打つ手がないというより、その趨勢がさらに進むように、政策的に棹《さお》さしている。

高齢化、少子化、貧困化していく日本社会で、どうすれば生活の質を保ち、自尊感情を維持し、愉快に暮らせるか。はっきり言って、それについて政府に期待することはもうできないと僕は思っています。いまの日本の政官財の指導層を形成している人たちは「勝ち組」の方々です。彼らは彼らのところに権力も財貨も文化資本も、排他的に集中するようにシステムを構築しています。そして、現にそれによって受益している。そうであれば、格差が拡大する仕組みを手直しするはずがない。もちろん、こんなことを続けていれば、日本に未来はないわけですけれど、短期的には彼らとその周辺だけは例外的に「いい目」を見ることができる。行政に期待できないのであれば、自力で何とかするしかない。そのためには相互支援・相互扶助する小規模コミュニティを手作りする。それしかない。

経済の変化は必ず家族制度の変化と同期します。むしろ、家族制度の変化が経済的な変動の原因となっている。僕たちは経済的与件によって家族制度が変わる（例えば、景気が悪くなると、若い人たちは将来に不安があって子どもを作らなくなる、というように）と考えがちですが、これは事実ではありません。実際には、大恐慌の時も、戦後の食うや食わずの混乱期も出生率は上がりました。歴史人口学の知見に従うなら、人口の増減を決定してきたのは、家族制度の変化です。それが経済的な制度や、政治的な制度に波及してゆく。まず、政治経済の「外枠」が決められ、それに適応して家族制度が変わっていったわけではない。家族制度の変化に伴って、それに同期して、政治経済の制度も変わってゆく。そういう順番なのです。

ですから、僕たちはまずいまの日本人はどのような家族制度をめざしているのか、それを見定めなければならない。どのような家族制度を人々が求めているのか、それは無意識のレベルで起きていることですから、簡単には定式化できません。でも、それを正しく見当てることではじめて、個人もまた政治的経済的な変化に適切に同期することができる。

僕の見立てては地域に根差した相互支援・相互扶助の共同体です。「拡大家族」と言ってもいい。「拡大家族」というのはカート・ヴォネガットの『スラップスティック』に出てくるアイディアです。物語の語り手はこの「簡単で実用的な孤独退治の計画」を掲げてアメリカ大統領選に立候補して当選します。彼の提案は全国民が「新しいミドルネーム」をつけるというものです。ミドルネームになるのは「花か果物か木の実や野菜か豆類か、あるいは鳥とか爬虫類とか魚とか、軟体動物とか、それとも宝石や鉱物や化学物質の名前とそれに一から二十までの数字をハイフンでつないだもの」。例えば、「ウラニウム－3」というミドルネームを持つ人にとって「ウラニウム」というミドルネームをもつすべての人間が「いとこ」になります。

「こんな大きくてぶざまな国に住むにはありったけの身内が必要だと、いまさっき、わたしたちの意見は一致したばかりじゃありませんか。たとえばですよ、もしあなたがワイオミングへ行くことになったとする。そこに大ぜいの身内がいるとわかっていれば、心強いと思いませんか？」（カート・ヴォネガット『スラップスティック』、浅倉久志訳、ハヤカワ文庫、1983年、179頁）

「もう一人じゃない（Lonesome no more)」というのが語り手の大統領選挙のときのスローガンです。

カート・ヴォネガットのアイディアの卓抜なところは、拡大家族を構成するのは「偶然」で構わないということです。たしかに僕たちだって親族を自分で選んでいるわけじゃありません。気が付いたらもう「いとこ」だった。僕の意志なんか、ほとんどかかわっていない。でも、「いとこ」だということになると、それなりに親しみも感じるし、困ったことがあったら一肌脱ごうかという親身な気分にもなる。

「拡大家族」の実践者として知られているのは映画監督のジョン・ウォーターズです。彼はボルチモアの人なんですけれど、その街に「ドリームランダーズ」という一種の拡大家族を作っています。彼のところに集まってくる人の多くは、深い心の傷を負って、うまく社会に適応できなくなった人たちです（例えば、パトリシア・ハーストは新聞王ハーストの孫娘で、過激派に誘拐されたあと洗脳されてそのメンバーに加わり銀行強盗に参加、逮捕されて懲役35年の刑を受け、のちに恩赦で出獄したあと、「ドリームランダーズ」入り）。ジョン・ウォーターズはそういうトラウマを抱える人たちを懐に迎え入れて、彼らと映画を作っています。カルト的な人気を誇る『ピンク・フラミンゴ』以後、『クライ・ベイビー』、『ヘアスプレー』などの映画をヒットさせてきました。批評家からは「バッドテイスト（悪趣味）映画」と言われますけれど、僕はどの映画を見ても、「ジョン・ウォーターズって、ほんとにいい人だな」と思って、心が温かくなります。

ですから、「拡大家族」というアイディア自体は別にそれほど目新しいものではありません。カート・ヴォネガットが言い出して、ジョン・ウォーターズが実践している。この二人の「お墨付き」があるなら、よいものに違いない。そういう話です。

なぜ拡大家族がよいものなのか、それは考えるまでもありません。

孤立した個人であれば、賃労働で得た賃金を市場に持っていって、そこで必要な財やサービスを金で買うしかない。たとえば幼児を数時間預かってもらうというサービスの市場価格はかなり高額です。恒常的に確保しようとしたらたいへんな経済負担になる。でも、もし地域で複数の家族が共同育児の仕組みを整えていれば、とっさの場合も手分けしてケアすることができる。ベビー服だってベビーカーだって使いまわせる。貧困化する日本社会では今後、貨幣を媒介としない経済活動ができる人と、できない人の間で格差が生じるでしょう。

地域コミュニティの形成には核となる場所が必要です。できれば、道場や寺院や教会など、世俗の営利とは別の次元で運営されている場が理想的です。市場のニーズから生まれた場は、ニーズがなくなれば消滅してしまう。でも、非世俗的な場所は、世代を超え、時間系列を超えて、継承されてゆくものによって統合されているからです。伝統的な技芸や芸能、信仰、祭祀、儀礼、そういうものを伝えるための場所が地域コミュニティの核になる。何十年経ってもそこにあることがたしかなものによってしか、たしかな地域コミュニティは形成されません。

後継者不足の農業や漁業や林業も、そこに伝わる伝統的な技能や文化を途絶えさせてはならないという動機で入ってくる若者たちが出てくれば、きっと継承されるだろうと思います。

時間はかかりますが、そういう行程が本物の「地方再生」につながると思います。

求められるのは「リーダーシップ」よりも「いい人」であること

必要なのは、近くに住む人たちとの親しい関係です。何か困ったことが起きたら駆けつけられる、あまったお総菜を届けに行ける、急な用事のときに乳幼児を預けに行ける。徒歩で5〜6分くらいの範囲で地域共同体があれば、だいたいの用事は片づきます。でも、そういう地域共同体はいまの日本では自然発生的には形成されません。自力で、工夫して、意図的に創り出さなければならない。

いま地方を志向する若者が増えています。Iターンの場合、縁もゆかりもない地域に飛び込んでいって、そこで地域共同体をつくることになります。排他的な地域だったら、どうすればいいか懸念する人もいるでしょう。でも、聞いてみるとそれほど難しいことではないらしい。というのはIターンする人たちが向かうところはランダムに散在しているわけではなく、「かたまる」傾向にあるからです。たぶんある種の「周波数」があって、その電波を受信した人たちがそこに集まってくるのでしょう。

先日、Iターン定着者の多い山口県周防大島の若者たちが凱風館を訪ねてきました。農業をしたり、カフェを開いたり、養蜂をしたりしている方たちです。話しているうちに僕と共通の知人が何人もいることがわかりました。そうだろうと思います。いまの日本で脱都市的な生き方のオルタナティブを志向している人たちは可聴音域外の周波数をやりとりしている。だから、アンテナの感度のよい人なら、必ずこの周波数にチューニングするはずなんです。そこからネットワークが広がっている。

帰農・脱市場のこの動きは同時多発生的に起きています。誰かが旗を振っているわけでもないし、理論的指導者がいるわけでもない。一人一人が自発的に、自分のやり方で歩きはじめたら、気がついたら同じ方向にたくさんの人たちが歩いていた。この運動はもう止まらないだろうと思います。

地域集団を形成するために重要な能力が、もうひとつあります。前に岡田斗司夫さんと対談したときに「これから社会的能力として最優先されるのは『いい人』であること」という話を聞きました。僕もこれには賛成です。まわりから「いい人」だと思われることが相互扶助・相互支援ネットワークに登録されるときにはかなり優先順位の高い条件です。能力があることより、リーダーシップがあることより、資本があることより、「いい人」であることです。能力とかリーダーシップというのは「ひとりでも生きていける」能力です。集団を形成するために必要なのは、そういうタイプの強さではなく、むしろ「仲間がいないと生きていけない」という弱さだからです。自分の弱さを自覚している人だけが共生できる。でも、弱さをカミングアウトできるためには「心の広さ」が必要です。心の狭い人は、同じ意見の人と徒党を組むことはできても、異なる意見の人と組むことはできないからです。心の狭い人は均質な集団しかつくれない。でも、生き延びるための集団は均質的であってはならない。均質的な集団は平時にルーティンワークをこなすときは効率的ですけれど、危機的な状況には対応できません。だって、全員が同じ種類の能力しか持っていないんですから。危機というのは何が起きるかわからない状況のことです。ですから、危機を生き延びることを優先させて制度設計された集団は必ず多様な才能、多様な適性が共生するものになります。

戦国時代に孟嘗君という人がいました。「食客数千」と言われるほど、いろいろな人を寄食させておりました。彼は二度致命的な危機に遭遇しますが、そのときに彼を救ったのは、あまたある食客のうち、「泥棒の名人」と「鶏の鳴きまねのうまい人」でした。これが「鶏鳴狗盗《けいめいくとう》」という故事成語のもととなったお話です。どういう才能がどういう局面でその本領を発揮することになるかは事前には予測できません。ですから、危機を生き延びることをめざして設計された集団は「単独では何の役に立つのかさっぱりわからない人たち」を大量に抱え込んでいる。それがこの四文字熟語の教訓だと僕は理解しています。

集団はメンバーの資質や能力が多様であればあるほど危機的状況には強い。そして、そういう集団の成員たちは、それぞれあまりに特異な才能の持ち主なので、ひとりでは生きていけない。ひとりでは生きていけない人たちによって形成されている集団が最強である。これは論理的には当然ですね。ひとりでも生きていける人間は、「足手まとい」になりそうな仲間を置き去りにすることで不利益をこうむることがありません。多少、心の痛みは感じるかも知れませんが、仲間を見捨てても、自分は別に困らない。でも、ひとりでは生きていけない人間はそうはゆきません。何があっても仲間を守ろうとする。一人でも仲間が欠けたら、そのポジションは「余人を以て代え難い」とみんなが思っている集団では、誰一人見捨てられることがない。だから、集団を強靭なものにしようと思ったら、強者連合を作るよりは、「自分ひとりでは生きていけない」と信じている弱者たちを集める方がよい。これはどうやら人類学的経験知のようです。それに類する話はそれこそ枚挙にいとまがないほどあります。

シルヴェスター・スタローンとジェイソン・ステイサムが出演する『エクスペンダブルズ』シリーズは、一騎当千の殺人マシンたちがグループを作って不可能な使命をてきぱきとこなすという「よくある話」ですが、この殺人マシンの方々は、仕事がないときはバーでだらだらビールを飲んで、自分たちがいかに「みんながいないとやっていけない男なのか」をじめじめとカミングアウトし合います。ほんとうにそうかどうかわかりませんけれど、少なくとも「自分は仲間がいないと生きていけない」ということを定期的に告白することで、この集団の高い戦闘性が維持されていると彼らが信じていることは間違いありません。

なぜ文科省は教育政策の大失敗を認めないのか？

格差の話に戻ります。グローバル資本主義社会では教育においても格差が生じます。学校教育を受けることを「教育商品の購入」と見なすなら、金を持っている人間が質の高い教育を受け、金のない人間は教育機会から遠ざけられるのは当たり前のことです。経済的格差がそのまま教育資源の分配の格差に直結する。

でも、本来学校教育というのは市場における商品やサービスの売り買いとはまったく成立事情の違うものです。学校教育は共同体の未来を担う次世代の若者たちの市民的成熟を支援するための共同的な活動です。彼らが成熟することによって、この社会は存続できる。ですから、学校教育の真の受益者は「教育を受けた本人」ではなく、集団全体なのです。頼もしい次世代を育て上げなければ共同体は滅びる。だから、共同体は若い同胞の教育活動を全力をあげて支援しなければならない。

でも、そういう考え方をする人はいまの日本ではすでに少数派です。ほとんどの人は学歴を不動産や自動車や洋服や時計のような「身を飾る商品」だと思っている。だから、学歴が欲しければ自分で金を出して買えばいいじゃないかと考える。貧乏人にはそれを買う金がない。だったら諦めるしかない。貧乏人に教育機会を提供するために税金を使うのは不当だ、そいつらは公金の「フリーライダー」だ。そう考える人が日に日に増えています。でも、そんな考え方では教育はがたがたになり、社会もがたがたになります。現にもうそうなっている。

日本の超富裕層や指導層は、もう日本の教育に期待をしていません（なんと、文科相までが自分の子どもをイギリスに留学させていることが、先日報道されてしまいました）。指導層は自分の子どもたちに海外で教育を受けさせています。

リッチな家の子はスイスのボーディング・スクールやニューイングランドの学校に留学する。そこからハーバード大学やオックスフォード大学をめざす。東大なんか世界標準から見たら二流三流校ですから。

メディアは報道しませんけれど、現在日本の学校教育で起きているもっとも深刻な格差は、進学校と底辺校の間の「目に見える格差」ではなく「日本から出られる子ども」と「出られない子ども」の間の格差です。日本から出られない子どもたちは、その事実によってすでにキャリアの出発点で「二級市民」に格付けされている。

高い機動性を備え、海外にネットワークをもち、海外に生活拠点があるグローバル資本主義の上層の人々から見ると、正直に言って、日本国内に世界的な教育研究水準の大学が存在する必要なんかないんです。むしろ国内の学校の卒業生は、海外で学位をとってきた彼らの子どもたちより、つねに下位に格付けされる方がありがたい（それだけの教育投資をした甲斐がありますから）。日本の大学には、上位者の命令に唯々諾々と従い、劣悪な雇用条件を丸呑みする「仕事のできるイエスマン」を大量生産してもらえればそれでいい。命令する仕事は、日本以外の教育機関で箔をつけてきたグローバルエリートが担当する、と。そして、いま、日本の学校教育は現実にその計画通りになっている。

90年代から大学は国策的に「株式会社化」を強いられました。四半世紀にわたって次々と制度改革を迫られました。そのためのエンドレスの会議と膨大な書類作成で教員たちは疲れ果てました。そういうときの学部改組の起案とか、文科省や大学基準協会へ出す書類書きといった仕事は、若手の、てきぱきと仕事をこなす、「できる」教員に振られました。当然ですね。でも、その結果、日本中の大学で、若手の教員たちは、その学術的キャリアのうちでもっとも脂ののった時期を10年にわたって会議と書類書きに空費することになりました。この無益な作業のために、どれだけの学術的な達成が失われたか。それを考えると僕は絶望的な気分になります。あの会議と書類書きのために空費された時間と手間を研究教育に振り向けていたら、現代日本の知的環境は今とはまったく別のものになっていたでしょう。

でも、それでもまだ足りないらしく、文科省は学校教育法の改定により、教授会から人事権や予算配分権まで奪い、学長＝ＣＥＯに権限を集中する大学の「株式会社化」をさらに進めてきました。そして、株式会社化の完了と同時に日本の大学教育は学術的なアウトカムにおいてOECD最下位にまで転落しました。あまりにわかりやすい因果関係に呆然とするほどです。

学術的発信力の一番基礎になる指標は人口当たり論文点数ですが、先述したように今、日本は世界35位で、先進国最低です（台湾は日本の1・9倍、韓国は1・7倍）。GDP当たりの論文点数も先進国最低です。高等教育機関への公的研究資金も先進国最低です。

学術的発信力の劇的な低下は日本では2002年から始まりました。同じ時期に先進国は全て論文数を増やしています。日本だけが例外的なのです。学術的発信力の劣化は、先進国中日本だけで起きた特異な、病的な現象です。いったい日本の教育に何が起きたのか、海外の研究者たちもそれに注目しています。そして、2016年10月には米誌『フォーリン・アフェアーズ』が、2017年3月には英の科学誌『ネイチャー』が「なぜ日本の高等教育は失敗したのか？」についての特集を組みました。日本の学校教育の破綻は、海外メディアが特集を組んで研究するほどに例外的で、異常な症例なのです。その恐ろしさに気づいていないのは日本人だけです。

なぜ学校教育がここまで劣化したのか。それについて文科省は自分たちの教育行政の責任を決して認めません。官僚というのはそういうものです。失敗は絶対認めない。文科省の方針はつねに、すべて正しかった。にもかかわらず、こんな惨憺たる結果になったのは、現場が文科省の命令を指示通りに実行しなかったからだ。「笛吹けど踊らず」なのだ。笛は正しい旋律を吹いていたが、踊り手たちが（無能であるか、あるいは反抗的であるがゆえに）笛に合わせて踊らなかったせいで「正しい」教育政策のすべてが水泡に帰した。そういう説明を文科省は採用しました。たしかにそれなら文科省には何の責任もありません。

でも、現場が上の言うことをきかないせいで教育が壊滅的になったという説明を採用してしまったら、論理的には「現場が上の言うことをきくように制度改革する」以外に教育改革の道はありません。ですから、教育成果の劣化が進むにつれて、文科省はいっそう教師を恫喝し、処罰し、萎縮させるようになりました。研究資金を減らす、雇用条件を切り下げる、短期の任期制に切り替えてつねに雇用不安におびえるようにする、詳細な研究計画の提出を義務づけて自由な研究をさせない……そういった「教師たちの生命力が衰弱する」政策を次から次へと繰り出していった。そうすれば教師たちは文科省の「笛」に合わせて踊る以外に生きる道がなくなるだろうと思ったのです。その結果、当然ですが、文科省の「教員いじめ」が進行すればするほど日本の大学の生産力は衰微していった。日本の学術論文の80％は大学が生産しています。その大学を「できるだけ自由な研究ができない環境」に鋭意改組したわけですから、そんなところでイノベーションが生まれるはずがない。こんな簡単な因果関係に気づかずにいるためには、よほどの愚鈍さが必要でしょう。僕はさすがに文科省の役人がそこまで愚鈍だとは思いません。彼らだって、自分たちが致命的な失敗を犯したことにたぶんもうだいぶ前から気づいてはいるのです。でも、官僚の本性として「失敗しました。すみません」ということは口が裂けても言えない。だから、これを進めれば進めるほど日本の研究教育環境は劣化するということがわかっていながら、その方針をそのまま継続する。たぶん壊滅的な事態になるだろうけれど、そんなことはもう知らない。そこまで日本の官僚たちは虚無的になっている。僕はそう見ています。

「私塾」が地域共同体再生の核になる

もう文科省には何も期待すまい。これは口にはされませんが、現場の多くの教員の本音だと思います。せめて、これ以上「あれをしろ、これをしろ」というように無用なタスクを増やして、教員を過労死に追いやることくらいは自制して欲しい。でも、たぶんそれも期待できない。そういう否定的状況から当然「オルタナティブ・スクール」のアイディアが出てきます。全国各地に「私塾」が見られるようになってきました。

僕は自分の道場「凱風館」を2011年に神戸に開設しました。「武道と哲学研究のための学塾」と名乗っていますけれど、同時にさまざまな文化活動を行っています。僕の友人たちの中でも、釈徹宗先生は「練心庵」を、平川克美君は「隣町大学院」を開学しました。鷲田清一先生も名越康文先生も茂木健一郎さんも、僕のまわりの「大人たち」は次々と私塾を開設しています。当然の流れだと思います。学校が若者たちの心身の成熟のための機関としてさっぱり機能しなくなってきた以上、共同体にとって必須のその仕事を誰かが引き受けなければならない。そう考えている人による私塾運動が、いま全国で同時多発的に始まっている。

口幅ったいことを言わせていただければ、僕がモデルにしているのは幕末の私塾です。蘭学者の緒方洪庵が開いた適塾、大坂の商人たちがつくった懐徳堂、吉田松陰の松下村塾、福澤諭吉の慶應義塾など、どれも個人が身銭を切って立ち上げた教育機関です。それらの私塾が日本教育史上もっとも成功した教育機関であった。それに異論を唱える人はいないでしょう。国家や自治体の支援がなくても、法律や要項に従わなくても、教育はできるということは彼らの先例が教えています。

江戸時代にも藩校という、いまでいう国立大学に相当する教育機関がありました。でも、そこからは残念ながら乱世を縦横に往来するような人材は生まれなかった。既成のキャリアパスで出世しそうな秀才しか育てられなかった。だから、私塾ができた。現代における私塾の登場は、時代が乱世に入りつつあることの証拠だと思います。

私塾はたぶん地方から広がるのではないかと僕は思っています。というのは、このまま「教育改革」が進むと、まず地方の大学が統廃合され、消滅してゆくおそれがあるからです。いずれ大学がひとつもない「無大学県」が出現する可能性さえある。これは地元にとっては文化的にも経済的にも大きな痛手になります。というのは、高等教育機関がもたらすのは単に地域の経済効果だけではなく、いわば一種の「空気」でもあるからです。風通しのよい知性、権威や世俗におもねらない自尊心、活発な好奇心、そういうものが流れ出る場所が存在する街と、そういうものがない街の違いは、暮らしていればはっきりわかります。ですから、「無大学県」になりかけたら、きっと地元の人たちの中から、自分たちの手で大学に代わりうるような教育機関を手づくりしようという気運が生まれてくると僕は信じています。私財を投じて私塾を開く人たちがきっと出てくる。教育とは本来そういうものだからです。

塾でも道場でも、かたちはどうあれ、教育共同体がこれからの地域共同体の再生の核になるだろうと僕は思っています。広告なんかしなくても、知的で創造的な「空気」が漂っている場所なら、意欲のある若い人たちは必ず惹きつけられて集まってきます。松下村塾は塾生募集広告なんか出さなかった。でも、高杉晋作、伊藤博文、山縣有朋はじめ異才が門前列をなした。そういう場所は鼻のきく若者には直感的にわかるんです。

凱風館にも若者たちが全国から集まってきています。彼らはただ武道の稽古をしたり、ゼミを聴講するだけでなく、門人同士で新しいネットワークをつくり、新しい地域活動や新しい事業を始めます。凱風館は彼らが出会う「ハブ」に過ぎません。

凱風館でもサービスや家財や情報や技術のやりとりが活発に行われていますけれど、それはもう市場での商品の売買とは、違ったかたちのものになっていま す。交換を媒介するのは貨幣ではなく、それぞれのプレイヤーがもっている「手持ちの資源」だからです。余人を以て代え難い一人ひとりの技能や情報が交換されている。洗濯機をもらう代わりにパソコンの設定をする、お米をもらう代わりに赤ちゃんを預かる。市場で商品として購入した場合には相当な金額を要求されるものの交換が、地域共同体内部ではそれぞれの「特技」の交換によって行われている。僕はこれが21世紀の新しい経済活動のかたちになるだろうと思っていま す。

でもこの交換は、活発な経済活動でありながら貨幣が動かないからＧＤＰの増大にはまったく貢献しません。財務省や経産省の経済指標にも捕捉されない。消費しないから、ここでの交換活動からは消費税も徴収できない。政府から見たら「地下経済」です。そんなものの規模が拡大することを、もちろん政府はまったく歓迎しません。

市場は共同体が形成されることを望まない。当然です。貧しいもの同士が、市場で商品を買わずに財貨やサービスのやりとりができる相互扶助の仕組みを作ったら、市場は「あがったり」です。ですから、資本主義経済は相互支援・相互扶助的なネットワークの出現をまったく望んでいません。必要なものを誰からも与えられず、借りられず、それゆえわずかばかりの賃金を得るために貴重な時間と身体を売るしかない「孤立した貧者たち」の方が「連帯している貧者」よりはるかにＧＤＰ増大には寄与する。だから、この社会では、弱者は政策的に分断されているのです。

「万国の労働者、連帯せよ」というのはマルクスの有名な言葉ですが、「抑圧者を倒せ」ではなく、貧者の連帯をまず掲げた点にマルクスの政治思想のほんとうの過激さはあったと僕は思います。

第10章

脱「地方創生」

地方創生の狙いは冷酷なコストカット

「地方創生」の正体は「地方中心都市への集中」と「里山の切り捨て」

いま、日本中に限界集落、準限界集落が広がっています。そして、公言はされませんが、政府の地方政策の基本方針はそういう地域は「早めに潰す」ということだと僕は見ています。限界集落を維持するには行政コストがかかるからです。道路や鉄道を通し、電気や電話を通し、医療機関や学校や役所を設置していれば、その維持管理にコストがかかる。とても地域からの税収ではまかなえない。だから、市場原理を適用すれば、「住民が少ない地域に対しては行政サービスはしない」という結論になることは目に見えています。

現に、僕の住む兵庫県でも、ＪＲの赤字路線の廃線が続いています。もちろん沿線にはまだ人が住んでいる。でも、もう採算が合わないから、あとは自動車で行き来してくれということで今のところは納得してもらっている。でも、いずれ道路も傷んでくることは避けがたい。トンネルの壁が剥落したり、山崩れで道路が寸断されたりすることがいずれ必ず起きます。そのときに国交省は廃線を正当化したのと同じロジックで「わずかな住民の利便のために、それだけの税金を投じて工事をする合理性があるのか？」ということを言い出してくるでしょう。「これからもそこで暮らしたければ、それは自己責任でやってほしい。自力で道路を通し、自力でトンネルを補修すればいい」という話に当該地域の住民以外の多くの人たちは賛同するでしょう。そうやって、人口が減ったところから順に「居住不能」になる。そういう地域は、学校もないし、医療機関もないし、警察もないし、消防署もない「文明圏外」の地です。火事があっても消火されない、犯罪があっても警察が来ない。そんなところにはもう人は住めません。

そういう「居住不能地」が過疎地帯から順にできてくる。とりあえず地方都市に人口を一極化させる。それが「コンパクトシティ構想」と言われる「地方創生」政策の実相です。急激な人口減の中で経済成長するというような無理筋の話を通すためには、都市部に全人口を集めて、都市部以外は無住の土地にするという「シンガポール化」以外に手立てがないからです。

ところが、ここに地方移住する若者たちが登場してきた。限界集落に入っていって里山再生をしようとしている。村の人たちが「もう耕作ができない」と言っているところに「僕らがやります」と言って、農業を始めた。現地から見ればありがたいことですし、基礎自治体にとってもありがたいことでしょうけれど、都道府県の広域行政から見れば、それほどありがたいことでもない。そんなことをされたら、過疎地域の「切り捨て」にブレーキがかかるからです。

政府の構想は平たく言えば、地方の「格付け」と、それに基づく資源の傾斜配分です。必死になって生産性を上げて、コストカットの努力をする自治体には高い格付けをする。「里山文化」なんて眠たいこと言って、地産地消とか、自給自足というような、経済成長に「後ろ向き」な取り組みをしている自治体は格付けが低くなる。そんなところには補助金は回さない。

「地方創生」というのは、地方における一極集中のことです。列島規模で行われている「首都への一極集中」を都道府県別に小規模に再演するものです。だから、とりあえずは地方都市への人口の集中、インフラの集中、資本の集中を支持している。山間部の人たちはまず地方都市の駅前に集まれ。駅前のマンションで暮らせ。そこなら医療機関もあるし、高齢者のための介護サービスも充実している。でも、これは「地方創生」という名の里山の放棄と行政コストの削減に過ぎません。たしかにそうすれば人口が地方都市に集中して、そこでは消費活動も活発になるかも知れません。でも、そこにはもう消費活動しかない。それまでの過疎地での生産の現場から切り離された人々は、サービス業に雇用されるか、年金や預金を使い果たすしかない。そしていずれ、そのような地方都市にも人口減の波が押し寄せます。そのときに、当然政府は「少子化・高齢化によって都市機能を維持するだけのコストを負担できなくなった都市」を「限界都市」と命名して、かつて限界集落を切り捨てたのと同じロジックで、今度は地方都市を切り捨ててゆくことでしょう。

「効率化」の行き着く先は「雇用ゼロ」

「地方創生」の一つの目玉に「強い農業」ということが掲げられていますけれど、僕はそんなのはまったくの幻想だと思います。これはアメリカの企業化された農業をモデルにしたものですけれど、アメリカの農業はモデルになりません。成り立ちがあまりに日本と違うからです。歴史的な成り立ちのまったく違うものを持ってきて、それをモデルにして農業を設計しなおせと言っても無理です。

アメリカの農業は植民地におけるプランテーションから始まりました。綿花とか煙草とか、商品作物の単一作物栽培です。そこに住む人たちの食を支えるものではなくて、植民地宗主国の消費者たちの嗜好品を栽培するところから始まった。でも、プランテーションが経済的に成功した最大の理由は奴隷制度です。奴隷というのは人件費コストが限りなくゼロに近い労働者です。最初に奴隷商人から買い入れた後は賃金を払う必要がない。それどころか家畜と同じように繁殖してくれる。生まれた子どもたちはそのまま生まれつきの奴隷です。人件費コストが限りなく低い労働力が大量に手に入ったこと。それが植民地アメリカで大規模農業が成立した第一の理由です。

奴隷制は南北戦争のあと、1865年に廃止されますが、テキサス州で最初の商業用の油田が開発されたのは、その翌年の1866年のことです。そして、1901年、テキサス州スピンドルトップで一日10万バレルが湧き出す大石油脈が掘り当てられます。人件費ゼロに限りなく近い労働力の供給が途絶えた直後に、限りなくただに近いエネルギー源がほとんど無尽蔵に埋蔵されていることがわかった。

産業の発達のための最重要ファクターはエネルギーの調達です。アメリカはその点で、世界史上例外的に恵まれた国です。アメリカの産業は奴隷労働によってテイクオフを果し、石油の発掘によって完成した。農業もそうです。

日本とは前提になる条件があまりにも違います。アメリカをモデルにして農業を制度設計することなんかできるはずがない。

企業が農業に参入してきた場合には、スケール・メリットを考えて、細分化された耕地を統合して、機械化して、商品作物のモノカルチャーというアメリカモデルを踏襲しようとするのでしょう。けれども、それによって地域が活性化する見込みはありません。小規模の自営農たちは、土地を手放して、企業の従業員になる。農業技術は持っているけれど、農地という「資本」はもう持っていない。外形的には自営業からサラリーマンになるわけですけれど、実体は自営農から農奴に転落するということです。そして、機械化が進めば、当然雇用は減る。できるだけ少ない人件費コストで生産することを「効率化」と言うわけですから、人間を一人も雇わないで、機械だけで生産ができる仕組みができれば、それがベストだということになる。日本の農業従事者たちは、本気でそんな展開を願っているのでしょうか。

農政の基本中の基本は「いかに飢餓を避けるか」

アメリカの農業はモノカルチャーです。発想は工業製品の製造と同じです。でも、農作物を自動車やパソコンのような商品と同列に扱うことはたいへんに危険なことです。農作物は商品のような仮象をまとうこともありますけれど、食糧は本質的には商品ではないからです。

農作物というのは、その供給量が安定している間は（他の工業製品と同じように）商品として仮象します。ですから、商品として取り扱うことが可能です。けれども、凶作とかパンデミックとか、あるいはシーレーンの途絶とか戦争とか、何らかの理由で供給量があるレベルを下回ると、とたんに商品性格を失う。「それがないと飢え死にする」ものに変じる。人々は市場のルールを無視して、それを奪い合うようになる。自動車の輸入が途絶えても、パソコンが品薄になっても、それが数週間数カ月続いたくらいで人が死ぬわけではありません。品薄になったベンツを取り合って人が喉をかき切り合うなんてことは絶対に起こらない。でも、食料品の場合は、供給が途絶えたら、人は奪い合いを始め、争奪戦に敗れたものから順に死に始める。

だから農業を考えるときには「飢餓ベース」で制度を考えなければならない。いかにして人々が飢えないようにするか。それが農政の基本中の基本です。それ以外のことは、すべて副次的なことに過ぎません。

いかにして飢餓を回避するか。人類の文明の相当部分はこの目的のために割かれてきました。そもそも食文化というのは「飢餓を避けるための工夫」以外の何ものでもありません。

人類の食文化というのは二種類の工夫から成り立っています。一つは不可食物の可食化です。「食えないもの」を「食えるもの」にする。そのために先人たちがどれほどの努力をしてきたことでしょう。煮たり、焼いたり、蒸したり、天日に干したり、水に晒したり、割いたり、粉にしたり……あらゆる手立てを尽くして、「食えないもの」を「食えるもの」に変換してきた。

もう一つは、他の集団と主食を「ずらす」ことです。自分たちはジャガイモを食べる、隣接する部族はバナナを食べる。そういう食習慣の「ずれ」があれば、同じ食物を奪い合うということは起こらない。ジャガイモだけがかかる伝染病で、ジャガイモが全滅しても、そこらにバナナが実っているなら、バナナを食べれば飢え死には回避できる。だから、人類はこまめに主食をずらしてきた。ある集団は米を食べ、あるものは麦を食べ、あるものはイモを食べ、あるものは豆を食べ、トウモロコシを食べ、バナナを食べる。

それだけではありません。どの集団も主食を美味しく食べるために、それに「調味料」をぶっかけますが、これはだいたい発酵食品です。その調味料を子どもの頃から食べ慣れている人には極上の美味ですが、その調味料を持たない人たちには「腐ったもの」の臭いとしか思えない。これも食文化のすばらしい達成の一つです。隣の人たちからみると「腐ったもの」を食べているようにしか見えないようにする。「自分たちの集団外の人は、それを見ただけでげろを吐きそうになるもの」を主食にするというのも飢餓を回避するきわめて効果的な方法です。

国民を飢えさせない。必要最低限の農作物は国内生産すべき

食文化とは飢餓回避のための人類の工夫の集積であり、農業のすべての工夫もまた目的は同じです。飢餓の回避です。けれども、例えばTPPの農業政策には「飢餓をどうやって回避するか」というような問題意識はまったく、かけらもありません。ここでは、農作物は車やパソコンや服と同じように、製造コストが一番安いところで作って、市場価格が一番高いところで売ればいい、そういう考えしかない。そして、製造コストを考えたら、広大な土地が残っており、労働者の賃金が安く、公害規制法規の未整備な後進国で、農薬をじゃんじゃん撒いて、環境が汚染されるのも土地が痩せるのも気にしないで、商品作物のモノカルチャーを行うのが一番儲かります。日本のような、耕地が狭く、人件費が高く、公害規制もきびしい国で農業生産を行うのは、経済合理性を考えたら、まったくメリットがない。それよりは、日本がもっと得意とする分野で手際よく金を稼いで、その金で中国からでもベトナムからでも安い農作物を買えばいい。そういうことになります。

でも、そうやって得意な分野で金儲けをして、それで安い農産物を買うということを続けてきて、あるときに何らかの理由で農産物の輸入が途絶えたときに、いったいどうやって飢餓を回避するつもりなのか。それについて日本の農政は何らかのリスクヘッジをしているのでしょうか。僕はTPPに関する議論の中で、「飢餓リスクを回避するために、国内農業を維持する必要がある」という話を聞いたことがありません。誰も、そんなことを本気で考えていません。

メキシコとアメリカとカナダはNAFTA（北米自由貿易協定）を締結しています。それによって三国間での農作物の輸出入の関税が段階的に廃止されました。このとき、メキシコにアメリカ産のトウモロコシがどっと入ってきました。メキシコ国民は国内産よりも、アメリカ産のトウモロコシの方が安かったので、それを買いました。結果的にメキシコのトウモロコシ農家は壊滅的な打撃を受けました。そして、メキシコ人は自分たちの主食を自給できなくなった。ところがその後、トウモロコシがバイオマス発電の燃料になることがわかって、トウモロコシの市場価格が高騰しました。すると、メキシコの人たちはもうアメリカ産のトウモロコシを買うことができなくなった。主食を食べることができなくなったのです。

農作物を商品と見なすと、こういうことが起きます。市場価格というのはきわめて不安定なものです。外部的な理由で、ある種の農作物に対する需要が増減し、市場価格が乱高下する。モノカルチャーはリスクが高い。ですから、単一農作物に外貨獲得を依存するようなことはしない方がいい。

市場価格の変動とはかかわりなく、自国民の飢餓を回避できる程度の農作物はどんな手立てを尽くしても国内生産すべきだと僕は思います。事実、ＥＵでもアメリカでも、自国内の農業へ巨額の補助金を注ぎ込んでいますけれど、その基本的な理由は「飢餓の回避」です。

何のために農業が存在するのか。その根本のところを考えずに農政を市場経済に追随するかたちで転換すれば、いずれその失政のツケをわれわれは別のかたちで支払うことになると思います。

第11章

脱「国家」

国家の存在意義が急速に失われつつある

グローバル経済が国民国家を液状化させた

２０１５年の夏は、安全保障関連法案が衆議院で強行採決された年として記憶されることと思います。みなさんもあらためて立憲デモクラシーとは何か、民主国家とは何かについて、根本的に考えることを強いられたのではないでしょうか。

地域共同体の今後について考えるためには、どうしても行政単位としての市町村と、その上位にある都道府県、さらにその上位の国との関係について見通しを持つ必要があります。

現在の世界の基本的な政治単位である「国民国家」というのは、国境線に仕切られた国土と官僚組織と常備軍を持つ統治体制のことです。そこには言語、宗教、食文化、儀礼、生活習慣などを共有する「国民」が住んでいる。このような集団が国際政治の基本単位になったのは17世紀の半ば、三十年戦争終結時に締結されたウエストファリア条約（１６４８年）以来のことです。この条約によってある種の「グローバル帝国」であった神聖ローマ帝国が解体されて、今日のヨーロッパ諸国が誕生します。

国民国家成立以前には世界は長期にわたって「帝国」が統治の基本単位でした。ローマ帝国、オスマン帝国、モンゴル帝国、ムガール帝国などなど、そこでは強大な権力をもつ皇帝が広大な領土を支配し、帝国の版図にはいくつもの民族、宗教、言語集団が含まれていた。神聖ローマ帝国皇帝でありかつスペイン王であったカール五世は、フランドル生まれで、パリに住んでおりましたが、ブルゴーニュ公であり、ネーデルラントの君主であり、ミラノとナポリとシチリアの王でした。カール五世を現在の国民国家を基準にして、「どこの国の人か?」と問うことには何の意味もありません。

とりあえずいまのところは、約200の国連加盟国と地域が基礎的な政治単位になっていますが、そういう仕組みになってからまだ400年に満たないのです。それも、ヨーロッパだけの話であって、イラクやイラン、シリアなどの中近東の国家が生まれたのは、オスマン帝国の解体後です。わずか90年前です。アフリカ諸国が植民地宗主国から独立したのは1960年代のことですから、まだ半世紀。いまの国際社会の仕組みはまだ「できたて」なのです。

統治の仕組みは流動的です。国民国家はなかなかよくできた安定的な仕組みに見えましたけれど、いまは至るところで破綻をきたしています。その理由の一つは経済のグローバル化が要請したものです。国民国家は国境線で隔てられており、国ごとに通貨が異なり、言語が異なり、度量衡が異なり、商習慣が異なります。これは資本、商品、ヒト、情報のクロスボーダーな高速移動を求めるグローバル資本主義にとっては障害でしかありません。

国民国家のボーダーを開放しようとしたのが、EUです。もともと経済共同体だったEECを母体として20世紀の終わりに発足しました。2000年には通貨をユーロに統合し、「ヨーロッパ合衆国」を実現したかに見えました。

しかし、その限界が見えはじめています。国民国家の自立性を放棄して、グローバル共同体を形成することはそれほど大きなメリットをもたらすのかどうか懐疑的になった人たちが、排他的でナショナルな政治単位への回帰を求め始めたからです。ギリシャ危機やスコットランド独立運動、イギリスのEU離脱、同じくEU離脱を掲げるフランスの極右国民戦線の突出などは明らかにアンチ・グローバリズムの徴候です。ですから、国民国家が自然消滅してグローバル共同体ができるという流れは、それほど一本調子で進むわけではなさそうです。

その一方、違う理由で、国民国家が液状化している地域があります。旧オスマン帝国内の諸国です。イラク、シリア、レバノン、ヨルダン、クウェートなどはもともと遊牧民の国です。彼らは境界線で区切られた国土や国境線というものに伝統的になじみがない。この地域の国境線は、1916年の第一次世界大戦のさなかオスマントルコの領土をどう分割するかを決めた英仏のサイクス=ピコ協定で、外交官たち同士の「オレはここもらうから、君にはそっちあげる」という机上の議論で引かれたものです。人為的に引かれた国境線の内部で、国民意識が形成され、国家の求心力が形成されるはずがありません。結局、いくつかの人工的な国ができてから90年経ちましたが、全部の国が同時に液状化し始めた。

この地域に人工的に作られた国民国家群はついに定着することなく、1978年にイラン革命が起きて以来、終わりなく戦争と内紛が続いています。その究極の解決策として提示されたのが「カリフ制」です。

カリフというのは預言者ムハンマドの後継者のことです。オスマントルコが滅びたときに最後のカリフも廃位されましたが、それからまだわずか90年しか経っていない。7世紀から20世紀まで、この地域は預言者とその後継者であるカリフによって統治されてきたのです。ですから、国民国家の液状化に伴って、カリフ制待望論が再登場してくるのは、ある意味では自然な流れです。

いま世界の脅威になっているIS（イスラミック・ステート）もカリフ制を名乗っています。現在ISを率いているバクダーディがカリフとして適切であるかどうかについて評価は分かれていますが、この地域の紛争を最終的に収束させるのはカリフ制しかないのではないかという見通しについてはかなり広範な合意があります。

イスラーム共同体はモロッコからインドネシアまで広がり、人口16億を擁する一大文化圏です。このようなグローバル共同体を現在の国民国家の枠組みの中に収めることは不可能です。カリフ制がもしゆるやかな国家連合・民族連合を意味しているなら、それが実現する可能性は、それ以外の解よりも高いと僕は思います。

中国もある種のグローバル共同体です。なにしろ少数民族だけで55民族、1億4000万人を抱えているからです。総人口14億というのは19世紀末の世界人口とほぼ同じです。これだけの人間を中国共産党のハードパワーだけで統治し続けることができるかどうか、僕は懐疑的です。なにしろ中国以前にこれだけの規模の国家を統治したことのある政治家も、そのためのノウハウもこの世には存在しないんですから。

なおかつ少数民族には独立志向がある。とくに新疆《しんきょう》ウイグルはトルコ系です。シルクロードに沿っては、ウズベキスタン、カザフスタン、トルクメニスタンを経由して、トルコに至る「スンニ派ベルト」が存在します。彼らは今のところは国民国家の国境線で分断させられてはいますけれど、もともと同質性の高い集団です。彼らの間にクロスボーダーな連携が成立することを、中国もロシアも恐れています。習近平が提唱した「一帯一路」(One Belt, One Road)構想もプーチンが提唱した「ユーラシア経済連合」も、この地域を横断してトルコ族の「ベルト」ができることを強く牽制したものと考えられます。

アメリカやロシアがシリア内戦にコミットしているのは、一種の「代理戦争」であると説明されますけれど、実際には大国同士の「ボス交渉」によっても、停戦が成立する気配がない。それは、この地域には大国の「代理」を果し得るほどに統率されている国民国家が存在しないからです。無数の交戦団体が群雄割拠している。それらの組織の相互関係は「親米か親ロか」というようなシンプルな二項対立ではもう説明し切れない。アメリカの国務省の担当官も、どの組織を支援し、どの組織を攻撃するのがアメリカの国益を最大化するのかという問いの前に頭を抱えていると思います。「代理戦争」を成立させるためには、この地域のプレイヤーを伝統的な国民国家という形に仕上げたい。でも、いくら金を注ぎ込んでも、軍事介入しても、むしろすればするほど国民国家の解体は進む。悪循環です。

それと同時に、アメリカの長期的な世界戦略としての「リトリート（撤退）」が始まっています。中東はイスラエルとの連携ということを除くと、アメリカにとってはもうあまり重要な地域ではなくなっています。かつてはこの地域の石油の安定的な確保が国家的急務でした。でも、アメリカは政情不安定な地域に自国のエネルギー源を依存することを嫌って、シェールガスへのシフトだけでなく、石油の輸入先もカナダ、メキシコ、ベネズエラといった近隣国に限定する「脱中東」シフトを進めています。

日本は集団的自衛権行使を決定して、アメリカが「撤退」した後の中東に進出する気でいます。でも、ＩＳは国ではない。ジュネーブ協定にも参加していない。ＩＳやその他のテロリスト組織には戦時国際法が通用しません。安保法案の国会審議でも問題になりましたが、自衛隊員が捕虜になった場合、どうなるのか。ジュネーブ協定によるPOW（Prisoner of war＝捕虜）という資格が認められていないので、拷問されても、処刑されても、「戦時国際法違反」で抗議することができない。古典的な地政学や国家間のパワーゲームのルールの枠内では対処できない。日本政府はこの地域に派兵する気があるようですが、アメリカやロシアでもコントロールできない紛争地域に、情報もない、支援者もいない、現地の政治勢力内部に「アセット（内通者）」もいないまま、手ぶらで乗り込んでいって、何か貢献を果たし得る目算があるのでしょうか。

国民国家の「ローカル」への分割が始まっている

グローバル化の一方で、国民国家の内部では地域への分割が始まっています。グローバル化が進むと同時に必ずローカル化が起きる。国民国家の求心力が弱まれば地域の独立志向が強まる。

よく知られた例は旧ユーゴスラビアの解体です。隣国と緊張関係にあるうちは人種宗教言語の違う諸地域が一個の国をかたちづくることができた。けれども、「小異を捨てて大同につき、一丸となって敵に当たる」という戦略が緊急性を失うと、お互いの差異を言い立てて、分解してしまった。チトー大統領の時代には「七つの国境、六つの共和国、五つの民族、四つの言語、三つの宗教、二つの文字、一つの国家」と言われた多民族国家でしたが、チトーの死後、各共和国でナショナリストが権力を握り、酸鼻な内戦状態になった。

スコットランドでは、イギリスからの独立を問う国民投票がありました。否決されましたが、賛否は拮抗していました。イギリスのEU離脱以後、スコットランド独立の勢いは再び強まっています。

イタリアでも、経済力の強い北部には貧しい南部からの独立を求める運動が存在します。自分たちの払った税金で貧しい南部の国民を養うのはいやだ、自分たちの払った税金は自分たちのために使えという考え方をする国民が続々と出てくると、国民国家はもう保ちません。

国民国家が末期的になっているというのは、外交レベルで起きている問題によってだけでなく、国内的な国民的統合の空洞化としても起きているということです。国民国家というのは所詮は「想像の共同体」です。国民としての帰属意識はある種の幻想です。歴史的条件が変わり、国民国家の求心力が低下すれば、人々は「自分は一体どのような集団に帰属しているのか」がわからなくなる。そういうときには自分たちを結び付けているものを探し求める。宗教なのか、言語なのか、儀礼や祭祀なのか、生活文化なのか、何かにすがりつこうとする。グローバル化と国民国家の液状化が同時進行するプロセスの中で、「自分はどの集団に帰属するのか」を考えたとき、決定的な選択肢がない。何を基準に自分が属する集団を決定すべきか「わからない」という人たちが大量発生してきた。ファナティックな排外主義、レイシズムの世界的登場は、まさに「私はどのような共同体に属しているのか、わからない」という焦燥感と不安がもたらしたものです。

他方で、国民国家の液状化に適応するようにして、ゆるやかなグローバル共同体をめざす動きがあります。さきほど、「一帯一路」構想とユーラシア経済連合を挙げましたが、中国主導のＡＩＩＢ（アジアインフラ投資銀行）もＴＰＰ（環太平洋パートナーシップ）も、地域共同体の再構築の試みと見なすことができます。

日韓を中心に「東アジア共同体」を形成せよ

さらに東アジア共同体構想があります。これを最初に言い出したのが誰か、僕は知りませんけれど、ローレンス・トーブという未来学者がかなり早い時期に「儒教圏」(Confucio)というアイディアを提示しております(『3つの原理』、神田昌典監訳、ダイヤモンド社、2007年、原著は1996年)。

「儒教の伝統は、このブロックを形成する国々に共通する重要な文化的要素である。このため私は、この極東ブロックを『儒教圏(Confucio)』と呼ぶことにする。この儒教圏は日本、中国、朝鮮などで構成される。この場合、『中国』は、中国、台湾、香港、マカオの総称として使う。これらの国や地域は、まもなく単一の中国として統一されることになるだろう。また『朝鮮』は韓国と北朝鮮を指す。こちらもまもなく統一され、コリアあるはコリョ(高麗)と呼ばれる単一国になるだろう。……日本と、完全に一つとなった中国、そして再統一後の朝鮮は、儒教圏のなかで対等のパートナーとなるだろう。だが、中国はこの地域を率いた中華帝国としての歴史的な体験があるから、このブロックを政治的に主導す

る役割を担うかもしれない。ちょうどフランスがＥＵで演じた役割である」（同書、１６３～１６４頁）

読めば、これが香港返還（１９９７年）の前に書かれたことがわかります。トーブさんは（一度お会いしたことがありますが、とても愉快で聡明な方でした）南北朝鮮の統一をかなり早い時期に予測していましたが、これは実現しませんでした。でも、韓国、日本、台湾、香港の三国、一地域は文化的にも、民主主義の発展度においても、経済力においても、東アジアではきわめて近い国々だという指摘は正しいと思います。５年、10年という短期ではなく、50年、１００年という長期的スパンで見れば、この国・地域が連携して、東アジア共同体のケルンを形成することになるという見通しには、かなり蓋然性があると思います。

日本の政治家はそのような長期スケールでものを考えていませんが、そのプロセスについて考えている人たちは、これらの国・地域にはすでに相当数いると僕は思っています。

ただ、この構想はアメリカによる激しい反対に遭遇するはずです。アメリカはこの地域では、日本、韓国、台湾、フィリピンと同盟して、中国と対立関係にあります。ただし、アングロ＝サクソンの植民地統治原理は「分断して統治せよ(divide and rule)」ですから、自分の同盟国たちが相互に緊密な友好関係を持つことは認めない。それぞれが潜在的には敵対関係にあって、個別的にアメリカと同盟関係にあって、域内で起きるすべての問題は逐一アメリカにお伺いを立てないと解決できないという仕組みを作り込んでいます。いわばアメリカは鵜飼いの鵜匠で、日本や韓国は鵜なわけです。鵜同士が同盟して、鵜匠の指示に従わなくなることをアメリカは許さない。アメリカは、これらの国々の関係を「戦争を始めない程度には友好的で、同盟関係を結ばない程度には敵対的」というあたりにキープしようとしています。

戦略的にはたしかに合理的なのですけれど、こういう「どっちつかず」のコントロールというのは非常にデリケートな外交術が要る。押したり、引いたり、脅したり、おだてたり……ということをこまめにやらないと「鵜匠」の仕事は務まらない。でも、いまのアメリカの国務省にはもうそこまでの力がなくなってきました。人的資源が枯渇してきたのです。こういう難度の高い技を使える知性が手薄になってきた。そこへもってきて、グローバル化の頓挫で、国際政治の変数がどんどん増えてきた。

アメリカの東アジアからの「撤退」は戦略的なものですけれど、内情を言えば「変数が増えすぎて、だんだん面倒くさくなってきた」ということだと思います。2015年の暮れに、慰安婦問題で、日本と韓国がいきなり「最終かつ不可逆的に解決するため」の合意なるものに達しましたが、これについて、日韓の外交当局の水面下での忍耐強い交渉が実を結んだなどということを信じる人は日本にも韓国にもいないでしょう。日韓の対立がアメリカの受忍限度を超えたので、「いい加減、お前らこんな問題でもめるな」と両国の外務省をどなりつけたというのが実情でしょう。

アメリカはもう東アジアから手を引きたい。けれども、中国を牽制するためには、韓国、日本、台湾の間の連携が必須である。これまで日韓両国が敵対的であることでアメリカはむしろ受益してきた。だから積極的に日韓関係の調停のために汗をかくということはしてこなかった。けれど、「撤退」するとなると、日韓にはアメリカの別動隊として、ある程度呼吸を合わせて動いてもらわないと困る。だから日韓両政府を一喝した。でも、日韓政府はどちらも慰安婦合意が自分たちの誠実な外交努力の成果なんかじゃないことを知っているので、合意をまじめに履行する気なんかない。アメリカの手前、「最終かつ不可逆的」とか言ってますけれど、慰安婦問題はこんな協定くらいでは解決しません。日本の側に謝る気がなく、韓国の側に許す気がないんですから。

そういう中ですけれど、長期的に考えたら、東アジア諸国は連携を模索することが必要だと僕は思います。古代中国に「合従」という国家戦略がありました。蘇秦の説いた外交策です。強国秦と対抗するために、韓・魏・趙・燕・楚・斉の六国を南北に同盟させる策です。これに対抗したのが秦の張儀の「連衡」です。大国秦とこの六つの小国の間に個別に攻守同盟を結んで、六国間にくさびを打ち込もうとしたものです。大国は必ず連衡策を採ります。「分断して統治せよ」。これはいつの時代でも帝国主義国の植民地支配の基本です。これに対抗して、小国が自立的な国家戦略を立てるためには合従策を採る他ない。

アメリカと中国という二大国にはさまれた東アジア諸国が重要なプレイヤーとして生き延びるためには、長期的には東アジア共同体を形成するしかないだろうと僕は思っています。まず日韓が核になる。そこに台湾、香港、フィリピンが加わり、ＡＳＥＡＮ諸国と連携する。「儒教圏」は中国も加わる共同体構想ですけれど、そこにたどりつくまでの過渡期にはさまざまなアイディアが検討されるべきだと僕は思っています。呪文のように「日米同盟基軸」とさえ唱えていれば、すべての外交的難問を回避できる時代はもう終わりました。どんな途方もないアイディアでもいい、まず自分の頭で考え始める時です。

第12章

定常経済へ

「小商い」で生き延びろ

「雇用なき経済成長策」が格差を拡大する

グローバル化とローカル化、この相反するふたつの流れが同時進行しているのが現在の世界です。国民国家は「想像の共同体」です。福澤諭吉が「立国は私なり、公に非ざるなり」と書いたように、国民国家というのは17世紀にできた政治的擬制です。歴史的条件が揃ったことでできた。だから、その歴史的条件が変われば崩れるし、消滅する。それは国民国家以前のさまざまな政治単位が生成消滅したプロセスと変わりません。いずれ国民国家も消えるか、かたちを変える。

いまはその国民国家の求心力が弱まり、国民の結束が緩んできた状態です。「移行期」です。その中で、国民は「自分はいったいどこに帰属しているのか？」という疑問を持つようになってきている。そして、ローカル化というのは、「自分はどこに帰属するのか？」という切実な問いに対する一つの解答だと思います。

ローカル化というのは、政府が考えているような「地方創生」のアイディアとはレベルの違うものです。政府は中央集権的なシステムを維持しながら地方のそれぞれの生き延びる工夫を支援すると言っていますが、その「創生」プランが、どれも既存の都道府県制度をベースにしている以上、成功するはずがないと僕は思っています。というのは、ローカル化はまず都道府県制度の空洞化というかたちで現われてきているからです。

先日、経済学者の水野和夫さんと対談する機会がありました。水野さんは「グローバル資本主義は理論的にもう長続きしない」というご意見の方です。資本主義が成長しつづけるためにはどこかに投資しなければならない。でも、もう世界にはその投資の余地がない。利子率が上がらない。もう右肩上がりの経済成長はありえない。いずれどこかで定常化経済に入ると水野さんは予測されていました。

このまま経済成長に固執すれば、採択できる解は人件費コストの最小化しか手立てがない。非正規雇用へのシフトにしても、ＡＩの導入にしても、移民労働者の受け入れにしても、「生産性の向上」にしても、意味するところは一つです。人件費コストの最小化、すなわち雇用の消滅ということです。企業の収益は増えるけれど、労働者はどんどん貧しくなってゆく。「経済成長と賃金の分離」がその必然的な帰結です。

水野さんは経済成長をこのまま求めれば、「『雇用なき経済成長』という悪夢を見続ける」ことになると書いています（水野和夫『資本主義の終焉と歴史の危機』、集英社新書、2014年、115頁）。

日本では90年代から労働市場の規制緩和が進みました。人件費コストを最小化するために、要るときだけ雇用して、要らなくなったら解雇できる、バッファーとしての非正規雇用をどの企業も（大学さえも）デフォルトに採用した。過去四半世紀、歴代内閣は一貫して総人件費抑制のための労働政策を採り続けてきました。その結果、企業の内部留保は過去最高を更新し続けています。でも、利益は人件費に回されず、労働分配率は過去最低水準にとどまったままです。企業にとって人件費コストは他の資材購入コストと同じく「最小化すべきもの」に過ぎません。その利益はどこに回っているか。株の配当に回っている。株の配当を増やすために、雇用者報酬を削減するということが続いている。こんなことが続けば、富の偏在、階層の二極化が起こるのは自明のことです。でも、この「雇用なき経済成長」がいま日本の企業のほとんどが採用している「経済成長策」なのです。

定常経済でも賃金50%アップは不可能ではない

「成長を信奉する限り、それは近代システムの枠内にとどまっており、近代システムが機能不全に陥っているときにそれを強化する成長戦略はどのような構造改革であっても、近代の危機を乗り越えることはできません。

このような袋小路に陥ってしまうのは、いまだに『成長がすべての怪我を癒す』という近代資本主義の価値観に引きずられているからです。しかし、成長に期待をかければかけるほど、すなわち資本が前進しようとすればするほど、雇用を犠牲にするのです」（前掲、127頁）。

僕も素人の直感で「資本主義」システムをどういじっても、もう問題は解決できないだろうと思います。なにしろ世界中の錚々たるエコノミストがその知恵を集めても、資本主義の「再生」の道筋が思いつけず、ひたすら雇用環境の劣化だけが続いている現実を見ると、これはもう「次のシステム」に切り替える潮時だろうと誰でも思う。しかし、そうなっていない。世の経済学者たちはいまだに「成長戦略」とか「少子化対策」なんていう空語を語っています。そんなもの実現するはずがないのに。なぜエコノミストたちはその限りある知的資源を「プランB」「プランC」のために使わないのでしょう。

仮に、彼らのいうとおりにこれからいきなり人口がV字回復して、賃金が上がって、消費活動が活発になって、税収が増えて、株価が3万円になるとしても、「そうならなかった場合に被害を最小化するために」手立てを考えておくくらいのことをしても罰は当たらないでしょう。「手立てを考える」って、ただ「頭を使う」だけのことですよ。論理的思考力と想像力を駆使するというだけのことじゃないですか。それが「絶対にいやだ」という理由が僕にはわからない。

アメリカという国についてはいろいろ文句もありますけれど、「もしかすると『こんな想定外のこと』が起きるかもしれない」というケースを想定して、その対策のためのマニュアルを作るという仕事を高く評価する文化があることは事実です。誰も思いつかなかったような「とんでもない事態」を思いついて、そういうことが起きた場合でも被害を最小限に食い止める手立てを考え、そのための専門家を育て、そのための資材を備蓄しておくということは「よいこと」とされる。この点が日本とぜんぜん違います。

日本は大本営以来、「すべてがうまくゆくと皇軍大勝利」という能天気なシナリオを書く参謀が出世して、「このプランAが失敗しても、そのときにはプランBがあり、それが失敗しても、プランCが……」というふうに被害を最小化するために知恵を使う参謀は飛ばされる（というか、そもそも参謀に任官されない）、そういう「おべんちゃら」文化の社会です。だから、「経済成長がない時代をどうやって生き延びるか」について知恵を出すと出世ができない。「イノベーションが続いて、人口が増えて、賃金が上がって、株価が上がって、円が下がれば、皇軍大勝利！」というようなふざけたことを言っているエコノミストが大きな顔をしている。戦時中とそれほど国民の意識が変わっているわけじゃない。

水野さんは資本主義の先に「定常状態」が訪れるだろうと予測しています。「ゼロ成長社会」です。ゼロ成長というのは人類史上例外的な事態ではありません。GDPがゼロ成長を脱したのは16世紀の話です。再びゼロ成長に戻る可能性は大いにある。

ゼロ成長というのは、「純投資がない」状態のことです。減価償却の範囲内でしか投資が行われない。家計で言うなら、いまある家財はそのままで、壊れたら買い替えるというかたちのことです。乗っている車がつぶれたら、新車に買い替える。買い替えサイクルだけで生産と消費が循環する。

定常経済だからといって、いきなり企業がばたばた倒産するわけではありません。定常経済では、株式会社は収益を人件費と減価償却に充てる。株主への配当は定期預金の金利程度でいい。こうすると水野さんの概算では、賃金は50%アップするそうです。当然、消費活動は活発化します。人間が生きていくために必要なもの（衣食住の基幹的な商品とサービス）に対する需要はそのあともずっとあります。

ポイントは「顔の見える顧客」との持続的な取り引き

定常経済における企業活動がどのようなものになるか、僕にも想像がつきません。わかるのは、「人間が生きてゆくために必要なもの」を作っている企業は生き延びられるが、「人間が生きる上で必要ないもの」は淘汰される可能性がある、それくらいです。そして、人間が「これなしでは生きられない」と思うものは本質的に幻想です。人間が定常経済状態でどのような幻想的欲望を抱くことになるのか、僕には予測ができません。わかるのは、正しくそれを見当てた起業家がその時代の成功者となるだろうということだけです。

とりあえず確実なのは、「小商い」が企業形態としては安定的だということくらいです。商品やサービスを、地域や風土に合わせてローカライズする。小さくて安定的なマーケット、「顔の見える顧客」を有している企業が生き延びる確率が高い。

というふうに説明すると、これは明治以前の日本の企業活動とだいたい同じだということがわかります。だからたぶんそういうふうになるんだろうと僕は予測しています。現に、いまの日本の企業でも「ものづくり」で成功して、世界的なブランドになっているところはいくつもありますが、どれも基本的には「小商い」です。生産工程のすみずみにまで経営者の目が届き、従業員への待遇が手厚く（だいたいは終身雇用です）、賃金が高く、顧客との関係が「一回こっきり」

ではなく、持続的であること。そういう特徴を備えた企業は景気の変化にかかわらず、確実な企業活動を展開している。それが一つのモデルになるのだろうと思います。

第13章

脱「マスメディア」

真偽を見きわめる直感力を身につけろ

生き残るのは「小回りが効く」メディア

前に嫌韓記事で売っている週刊誌の編集者に、「どうしてこんなにひどい記事を書くのか」と訊いたことがあります。すると、あっさりと「別に、僕たち、こんなこと本気で書いているわけじゃないです」と答えました。編集長からそういう記事を書けと言われるので、「そういう記事」を書いて載せている。「でも、これで部数がほんとに伸びるんです」。

ひどい話だと思いませんか。彼が本当に心から韓国が嫌いで、中国が嫌いで、信念をもって中韓を罵倒する記事を書くならまだしも（それもよくないけど）、自分で思ってもいないことを「書くと売れるから」という理由で書いている。これはもうジャーナリストとは呼べない。

それでも、言い訳だけはするんです。「やっぱり出版もビジネスですから」と「上の指示には逆らえません」が二大言い訳です。「金と権力には誰も勝てませんよ」と。「みんな汚いことやってるんですから」という言い訳で、みんながそれぞれの見苦しいふるまいを許し合っている。「自分たちも、こんなことを続けていたらジャーナリズムの先はないと思っているんです」と正直に告白しながら、でも、それを止めるとは言わない。自分一人が止めても、メディアの退廃は止まらない。自分一人が正論を吐いても、世の中変わらない。だったら、流れに乗る方が楽だ。

「こんなことがあと5年も10年も続くと思ってるの?」と訊くと、「思ってませんん」と答える。それくらいの現実認識は持っているんです。でも、そんな先のことまで考えてもしかたがないと思っている。

「嫌韓ネタはもう止めませんか」と編集会議で提案すると、上司から「じゃあ、お前に代案があるのか」と聞かれるそうです。「これなら売れるという代案があるなら、採用しよう。ないなら黙ってろ」と。

最近、この「代案持ってこい」って言う人が多いですね。国会でも、ネット上でも。政府の政策を批判すると、「代案出せ」という。「出せないんだったら黙ってろ」と。どんな政策提言についても「それはまずいんじゃないですか」という疑義を呈することはあるわけで、そのつど「じゃあ、代案を出せ」と言われても、困る。こちらは起案してくれる官僚も、諮問すべき有識者会議も、根回ししてくれる国会議員も持たない一市民ですから。政府案と同じ完成度の代案をここで出せと言われたって、出せるはずがない。だったら黙ってろというのは、要するに「お上のいうことに逆らうな」という以外の意味を持たない。

僕が言っているのは、他にもっといい案がありそうな気がするから、もう少し話をして、みんなで知恵を出し合って、納得のゆく「落としどころ」を探しましょうということです。それが一番現実的な提言だと思うのだけれど、それは誰も口にしない。みんなで話をして、知恵を出し合うって、そんなにつらいことなんでしょうか。

困ったときには「衆知を集める」というのは集団の生存戦略の基本です。それは衆知を集めたら必ず正解に達するからではありません。そんなことあるはずがない。でも、みんなで知恵を出し合って得た解であれば、それが失敗した場合でも、「オレは知らんよ」とか「責任者は腹を切れ」とかいうような殺伐としたことにならずに済む。みんながその決定に関与したわけですから。他責的な言葉づかいは使えない。とりあえず「これは失敗だったか。じゃ、次行こう」ということになる。みんなでまた「衆知を集めて」プランBを考える。プランAの一点張りじゃなくて、失敗しても失敗しても、次の案をみんなで考えて、次の案をみんなで実行する。そういう失敗からの復元力の強い集団を創ることが「衆知を集める」というふるまいの遂行的な意義なんです。

つねに正解を出し続ける指導者なんてこの世には存在しません。そんなものを求めても無意味です。大事なのは失敗したときに、すぱっと「プランB」に切り替えることのできる可塑性の高い集団、復元力の強い集団を設計することです。

「代案を出せ」論者が「お上の言うことに下のものは逆らうな」とだけ主張しているなら、それはそれで一つの見識です。権限を一点に集中しておくことは、組織論としては経験的にそれなりに有効な解ですから。でも、「お上のいうことに逆らうな。お上は正しいから」というのは理論的にも実践的にも間違っています。そのような態度を保持していると、プランが間違っていた場合に（どんなプランもこれから起こることのすべてを予見できない以上、一定の確率で間違います）、間違いを認めることに強い抑制がかかるからです。その結果、間違った政策が、間違っているとわかっていながら、そのままずるずると続けられ、被害がますます広がる。最終的に失敗が隠せなくなった場合でも、「プランB」を立案できるだけの知性と判断力を備えた主体が集団内部にはもう存在しなくなっている。これはご覧の通り、大日本帝国の敗戦の構造そのものです。

先ほどから申し上げている通り、現代日本のさまざまなシステムの劣化は、どれも先の戦争の末期の戦争指導部のパターンをみごとになぞっている。「焼きが回った時」に日本人がどういう行動をとるようになるのか、これはあるいはわれわれのＤＮＡに刷り込まれた「必殺の失敗パターン」なのかも知れません。

メディアの劣化の一因は「貧すれば鈍す」というところにあります。何をやっても売れないので、だんだんあがきがつかなくなって、「鬼面人を威す」的な記事で注目を集めようとし始めた。だから逆に、もともと部数が少なくて、それほど大量に売る必要がないビジネスモデルの出版物はなかなか意気軒昂です。例えば『週刊プレイボーイ』はずいぶん政治的にエッジの効いた記事を掲載するようになりました。どうしてなんだろうと思って、前に白井聡さんと二人の対談企画があったとき担当編集者に訊いたら、「お姉さんの裸のグラビアが出てると、それだけで買ってくれる読者が一定数いるので、記事は何を書いても部数の増減とあまり関係ないんです」という驚くべき事実を告げられました。他に『週刊女性』や『通販生活』のような媒体も歯に衣着せぬ記事を元気よく掲載していますが、これも一つには「スポンサーに気兼ねしなくていい」ということがあるからのようです。たしかに経団連企業がメインの広告主で、電通が広告出稿を仕切っているメディアでは、こんな記事は載せられないでしょう。「小商い」で回しているところの方が「検閲耐性」はあきらかに強い。

いまの日本で一番自主規制がなくて、自由なメディアはラジオです。僕は関西のMBSラジオで数年前から精神科医の名越康文先生と、MBSアナウンサーの西靖さんと三人で『辺境ラジオ』という不定期番組をやっています。スポンサーなし、深夜の放送休止枠放送という、ほんとうに辺境的ポジションからの発信ですけれど、おかげでまことに自由に仕事ができます。何を言っても、誰からもクレームがつかない。東京のキー局のテレビのニュース解説番組なんかでしたら、うかつなことを言ったら、すぐに官邸から電話がかかってきて、「あんなやつを番組に出すな」と局の上層部が怒鳴りつけられるのでしょうけれども、ラジオではそんなことは起きません（官邸の人なんか誰も聴いてないから）。政府だって人的リソースには限界があります。まさか関西ローカルの深夜の放送休止枠のラジオ番組まではチェックできません（してもいいけど、優先順位すごく低いです）。

僕は、これから後、生き残ることができるのは、そういう「小回りのきく」メディアではないかと思います。つまり、制作経費が大きくないので、大手スポンサーからの資金提供を要さないということ、小規模でも、安定的な読者・視聴者がいるので、「言いたいこと」が言えるということ、この二つがメディアにとってのアドバンテージになるということです。

これまではメディアはサイズが大きければ大きいほど有利だと思われてきました。でも、いまは違う。大きければ大きいほどむしろ「組織温存コスト」が負担になる。「こういうことでも書かないと売れないのだ」という週刊誌編集者の言葉は、要するに彼らが書きたいことを書くと買ってくれない読者を相手にしないと成り立たない商売をしているということを意味しています。「自分が書きたいことを書くと読んでくれない読者」を当てにしないと回らないビジネスというのは制度設計そのものが間違っていると僕は思います。

「新聞は消滅する」と報道できない新聞に未来はない

新聞はあと10年ぐらいで足腰が立たなくなると思います。もう、あちこちで何度も書いていることですけれど、僕が紙面審議委員をやっているときの『朝日新聞』が年間5万部減でした。ほんの数年前の話です。でも、去年（２０１４年）1年間で朝日新聞は45万部減らしました。わずかの間に、部数減の速度が9倍になった。年間5万部減のときに、朝日の人に「こんなに減っていいんですか？」と聞いたら、「８００万部がゼロになるまで１６０年かかります」と笑っていました。年間45万減ペースだとゼロになるまで18年です。

そもそも新聞購読者は圧倒的に高齢者です。ですから、どれほど忠実な読者であっても、生物学的理由によって減ってゆく。この後新聞の質が向上しても、新聞を読む習慣のある人たちは確実に減ってゆく。僕のまわりにいる40代の人はほとんどもう宅配の新聞は取っていませんし、その下はもっとすごくて、最近の統計によると、10代の新聞閲読率（一日15分以上新聞を読む）は4％です。この数値はこのあと限りなくゼロに近づくだけで、V字回復する可能性はありません。

あと10年以内に「毎日数百万部を売らないと採算がとれない新聞」というビジネスモデルは崩壊するでしょう。もちろん新聞社は本業以外に不動産の収入などがありますから、しばらくはテナント料収入や土地の売り食いで「読者のいない新聞」を出し続けられるでしょう。でも、それはもうジャーナリズムとは呼べません。

でも、何より問題なのは、「全国紙の消滅」という社会的大事件について、全国紙がまったく報道していないということです。なぜ「こんなこと」が起きてしまったのか、それは歴史的にどういう文脈の中で起きたことなのか、どういう文明史的な意味があるのか、全国紙の消滅によって社会はどう変化するのか、もしそれが「ネガティブな変化」であるなら、その被害を最小化するために新聞はいままだ息のあるうちに何をすべきなのか……そういったことは国民的に取り組むべき喫緊の問いのはずです。でも、そんな記事を書いている新聞はどこにもありません。自分たちの足元が崩れかけているというのに、それについて「見ないふり」をしている。新聞の存否にかかわる問題について「そんなことは考えたくない」から思考停止する。そんな批評性のない新聞メディアに未来があると僕は思われません。

同じ理由でテレビも危機的だと僕は判断しています。僕はもう数年前からテレビというものをほとんど見なくなっていますが、まわりの若い人にも「テレビは見ない」という人が多いです。見ないというよりも、テレビ受像機そのものを持っていない。先日、近所の若い夫婦が引っ越しをしましたけれど、「邪魔なのでテレビは捨てました」と言っていました。どうしても見たい番組があれば、パソコンでも携帯でも見られますから。専用受像機に対するニーズがなくなるというのは民法テレビというビジネスモデル（CMをはさむ代わりにコンテンツを無償で提供する）が崩壊過程に入っているということだと僕は理解しています。

先ほど雑誌メディアについても言ったことですけれど、大きなバジェットがないとコンテンツを作れないというモデルは生き残るのが難しくなっています。組織が大きくなると、コンテンツ制作のためよりも組織温存のために膨大なコストが発生する。何も作っていない管理部門が肥大化して、それが番組制作コストを圧迫する。結果的にコンテンツは貧相なものになる。そんなものに広告出稿しても企業イメージは上がらないし、商品の販売にもプラスの効果がない。そう判断すれば、スポンサーは出稿しなくなる。仕方がないからテレビ局は広告料を下げて、CMの数を増やす。そうすると5分に一度くらいのペースでCMが入って、番組が中断される。金がないので、作れる番組は制作コストの安いタイアップ企画の旅行番組・グルメ番組、クイズショー、タレントをひな壇に並べたバラエティー番組ばかりになるので、ますます視聴者はテレビを見なくなる……その悪循環がもうずいぶん前から始まっています。

テレビにメディアとしての批評的機能を期待して見ている人がどれくらいいるのか。「テレビでなければできないこと」を意識して番組を作っているテレビマンがどれくらいいるのか。もちろん、少数ながらいることは知っています。僕のような「テレビはもう終わりだ」と言っている人間のところに来て、テレビ出演を依頼したり、番組企画についての意見を聴きに来たりする人は実際にいますから。彼らはみんな強い危機感を持っています。でも、彼らの出す企画はなかなか通らない。彼らを見ていると「けなげに後退戦を戦っている」という感じです。応援したいけれど、起死回生の秘策があるようには思えない。

マスメディアが力を失った理由は、この章の冒頭に示した週刊誌の例が示すように、ジャーナリストたちが「自分がほんとうに言いたいこと」ではなく「こんなことを書いたら／放送したら、読者／視聴者が喜ぶだろう」と思うことを報道してきたことにあると僕は思います。「こんなことで喜ぶだろう」というのはサービス精神ではありません。それはメッセージの受信者の知性を見下すことです。「あいつら」は「こういうもの」を与えておけば喜ぶんだよ（バカだから）というのはずいぶんな思い上がりです。

でも、この冷笑的な態度がいまの日本のメディアを満たしているように僕には思えます。だから、表面的にはどれほど愛想よくされても、大口開けて笑ってみせられても、そこに伏流する虚無的な気分、冷笑的な気分は消せない。それは空気にしみこんで、受信者にも伝わってゆく。いまの日本社会に横溢する虚無的で、冷笑的な気分のいくぶんかはマスメディアから発信する人たちが（たぶん自分自身でもそれと気づかずに）分泌しているもののように僕には思われます。

笑うときは「あはは」と大声で笑う。怒るときは「ぷりぷり」怒る。悲しいときは「さめざめ」と泣く。そういうシンプルでストレートな感情表現はもうなかなか見ることができません。あらゆるメッセージが二重三重のコノテーション

（言外の意味）でコーティングされている。

ネット上で異常な頻度で用いられる「w」という記号は、自分の発信するすべてのメッセージを「口を歪めた笑い」で包み込もうとする発信者の願望を表しています。なぜ、自分が言いたいことを言うときに、そのつど、こまめに、大量の「w」で自分の言葉の周りを埋め尽くさなければいけないのか、その理由を彼ら自身は考えたことがあるのでしょうか。たぶんないのでしょう。あんな余計なことをするのは、自分のストレートな思いを語ることは「恥ずかしい」ことであり、他人につけこまれる隙をつくることだと思っているからです。彼らはそういう「時代の気分」を無反省的に呼吸している。「他人に自分の欲望の尻尾をつかまえられること」を病的に恐れている。それがいまの時代の一つの徴候なのだと思います。

このあと日本のマスメディアはどうなるのか。僕はかなり悲観的です。全国紙と民放テレビは遠からず、ビジネスとしては立ちゆかなくなるでしょう。逆に規模の小さな、低予算で質のよい（要するに作り手が「自分がほんとうにしたいことをする」）コンテンツを提供できる媒体は生き残れる。新聞の場合、地方紙は生き残れると思います。前に沖縄に行ったときに訊きましたが、沖縄では『琉球新報』と『沖縄タイムス』の二紙がシェアのほとんどを占めていて、第3位の日経で6000部だということでした。他にも『神奈川新聞』、『信濃毎日新聞』、『北海道新聞』など、独特のスタンスで発信できているところは生き残るだろうと思います。繰り返し言う通り、「そういうこと」ができるのは、その紙面を支持してくれる一定の、安定した読者を擁しているからです。「売る」ために心にもない記事を書く必要がない。そういうところは定常的なかたちで持続可能です。

マスメディアの退潮のあと、その「空位」を埋めるのはミドルメディアになるだろうと僕は予測しています。ネットがメディアの中心になることは間違いありませんが、その場合は情報の信頼性を精査できるリテラシーが必須となります。

ネット最大の弱点は、「ウソ」を発信できること

ネットの難点は、どんな嘘でもフェイクでも発信できることです。そしてフェ

イクニュースは「そういう話」を聞きたがっている読者によって、またたくうちに「真実」として全世界に広められ、大きな、取り返しのつかない社会的影響を及ぼす。ネットのメディアとしての最大の弱点はそこです。

　ネット上に行き交う情報の真偽の判定はきわめて難しい。従来の活字メディアの場合でしたら、複数のレベルでチェックや校閲が入ります。事実関係について「全くの虚偽」が、いくつものスクリーニングを逃れて、岩波書店や新潮社のような校閲のきびしい出版社の書籍や全国紙の紙面に載ってしまうということはまずありません。そのような記事を書いた記者も、それを見逃したデスクも校閲も、その罪をきびしく糺《ただ》されることになるからです。誤報や虚報については、固有名を持った個人が、責任を問われ、場合によっては懲戒や失職のリスクを負う。つまり、旧メディアの場合には、ジャーナリストの個人としての可傷性がコンテンツの信頼性を担保していたわけです。

　ところがネットメディアでは、発信者が誰だか特定できない。誰でも匿名で発信できる。かつて旧メディアにおいてコンテンツの信頼度を担保していた「発信者の固有名と生身」というものがネットメディアでは晒し出す必要がありません。何の制約もなしに、ペナルティを受けるリスク抜きで、好きなことが発信できる。この究極の「言論の自由」が逆にそこで行き交う情報の信頼性を傷つけている。実にアイロニカルな状況です。

ですから、ネット上で最も致命的な攻撃は、匿名の発信者の身元を明らかにすること（「晒し」）だということになります。虚報や誤報について、あるいは人格の卑劣さや反社会性について、その責任を引き受けなければいけない個人をネット上に固有名付きの生身で登場させることによって、彼がそれまで享受してきた匿名での発信特権を剥ぎ取ること。

「晒し」が有効な処罰になるということは、ネット上においても、人々は「人間はその発言に固有名を付し、その結果について個人で責任を取らなければいけない場合には、それと知った上で虚報・誤報・暴言を発信することを抑制する」という基本的な法則を理解しているということを意味しています。

ですから、ネットメディアがこれから先、あきらかなフェイクや嘘を流通させないためには、発信する情報の一つ一つについて、その「文責」を引き受ける固有名を具えた個人がいるかどうかを情報の真偽判定の基準にすることが必要だと僕は考えています。

それは別に固有名を明らかにした人間は必ず真実を語り、匿名の人間は必ず嘘をつくという意味ではありません。けれども、嘘をついた場合にペナルティを受ける有責主体の名前を開示してあるということは、それを読む人にとっては真偽の判定の「一つの基準」にはなるはずです。

いまのところ「発信者」を見抜くしかない

内容の真偽について、機械的な処理を行うことは不可能です。アメリカのメディアが行っている「ファクト・チェック」（公人の発言のうち、真実がどれくらい含まれているかの評価）は記者たちの「手仕事」ですから、ごく限られた公人の、ごく限られた発言についてしか適用することができません。そもそも「ファクト・チェック」に膨大な人的リソースを投入するというのは、ジャーナリズムの本務ではありません。政治家たちが、その政治的信条にかかわらず、「嘘はつかない」という基本的な倫理を守っていれば、やらずに済む仕事です。

でも、いまさら「嘘をつかないでください」などと言っても始まりません。とりあえずは、自力で、ネット上に行き交う情報の真偽を判定しなければいけない。ジャンクな情報と価値ある情報を選別するメカニズムは手作りしなければならない。

一つの方法は、「信頼性の高い第一次情報」を発信している人を見つけ出して、そのソースに直接アクセスすることです。でも、これは難しい。政治の場合などは、それこそ政府部内や政党中枢にいる人でないと、そのような情報は発信できませんし、うっかりすると「リーク」ということになって、処罰されるリスクがある。

それより現実的なのは「その人自身は第一次情報の発信者ではないが、質のよい情報がそこに集まってくる人」にアクセスすることです。その人自身は別に「ここだけの話」に通じているわけではないのだが、メディア・リテラシーが高いので、行き交う情報の中から「信頼性の高いもの」と「ジャンク」を識別することができる。そういう人が「第二次情報のハブ」になります。

メディア・リテラシーというのは、情報についてその真偽を判定できるほど事情に通じているということではありません。ほとんどの問題について、僕たちはその真偽をすぐに判定できるほどの知識を持っていません。国際政治の先行きも、経済の先行きも、書評や映画評であっても、それが正しいかどうか、自分の知識に基づいては判定できません。それでも、「自分がそれについて十分な知識をもっていない話題についても、それについて語っている人間を信用できるか信用できないかは判定できる」ということがあります。話題になっている事実の真偽や評価の適否については「わからない」。でも、それを語っている人間が信用できる人間か信用ならない人間かは「わかる」。人間にはそういうことができます。

メディア・リテラシーを構成するのは知識量ではありません。自分が知らないことについてその真偽を判定するわけですから。僕たちにできるのは「それを伝えている人間の信頼性を考量すること」だけです。でも、これはコミュニケーションの場数をそれなりに積んでいる人間にはできないことではありません。

もともとよく知っている人間の場合でしたら、その人がこれまで語ってきたことの「真実含有量の通算打率」がデータとして手元にあります。「この分野のことについては割と正確な情報を発信してきたが、この分野のことについては間違うことが多い」ということがわかる。それを準用すればいい。

でも、相手が初対面の人でも、僕たちは「なんだか信用ならないやつだな」とか「この人は信用できそうだ」ということを直感的に判定できます。日常的にそういうことをしている。そして、その直感的判定の正誤率を見て、「あの人は『人を見る目』がある」と言ったり、「あいつは『人を見る目』がない」と言ったりする。

「人を見る目」というのは、その人についての十分なデータがない時点で、どれくらい信頼できるのか、どの程度の能力があるのか、どういう仕事を任せればいいのかが「わかる」力のことです。この「人物鑑定眼」は残念ながら教えようがない。マニュアルもガイドラインもない。自分で身銭を切って、煮え湯を飲まされて、身につけるしかない。

現在のような移行期において、僕たちが頼ることのできるのはこのようなメディア・リテラシーだけです。

かつてのような信頼性の高い全国紙や公共放送があった時代でしたら、こんな能力を自力で開発する必要はなかった。でも、いまはそういう能力を手作りしておかないと、世の中でほんとうは何が起きているのかがわからない。

これからのメディア・テクノロジーでは、情報の真偽判定を客観的なかたちで担保できる技術が開発されてゆくと思います。これは必ずそうなる。情報の真偽を、人間の勘に頼らず、機械的に処理できるようなアルゴリズムを開発する天才的なイノベーターがきっと出てくると僕は思っています。例えば、明らかな事実誤認や虚偽のデータ数値などを「論拠」にして推論がなされているものについては「信頼度低い」というタグを機械的につけることは可能なはずですし、論点のすり替えなどの定型的な詭弁パターンを多用する人についても、あるいはそのような人を信用して、その発言を繰り返し引用する人も「信頼度低い」というタグをつけることが可能なはずです。キーワード検索をしたときに、（どれほど被引用回数が多くても）信頼度の低い人やサイトが発信する情報には「嘘が多いので、取り扱い注意」タグがついている。それくらいのことはいまの技術でも十分にできるのではないでしょうか。

そういうかたちで技術的にネット・コミュニケーションの信頼度を上げること

は可能だと思います。それが実現すると、メディアのあり方もまったく変わってしまうでしょう。どういうものになるのか、いまの段階で予測することは困難ですけれども、生身の人間の息づかいや体温を伝えることのできるメディアが最終的には信頼されて生き残ってゆくことは間違いありません。いつだって、そうなんです。

第14章

脱「査定」

これから君たちはどう生きるのか?

才能を「ランク付け」されたい若者が都市をめざす

若い人が地方から東京に向かう理由は、「雇用面で有利だから」だけではありません。たとえ地元に良い仕事があっても、若者は都市へ行きたがります。理由は「自分の能力を適切に評価される」ことを望むからです。キーワードは評価です。客観的で、精度の高い評価。それを人々は切望しています。

現代の日本の若者は、子どものころからずっと学校の成績や偏差値で査定されてきました。スポーツが得意な子なら、その能力は県大会、インターハイ、全国大会など出場できた大会のレベルとその成績で測られてきました。誰にでも明らかな、客観的、一律的なランクで評価されてきた。

それが大学を卒業する辺りからわかりにくくなります。自分の社会的な格付けや立ち位置が見えにくくなる。そのアイデンティティーの揺らぎが彼らを客観的な査定に向かわせる。だから、都市をめざす。

都市が彼らを惹きつけるのは、もちろん刺激的なシティライフやドライな人間関係もあるのでしょうが、語られない大きな理由の一つは「都市で生活すれば自分の資質や才能について適切な査定が期待できる」からです。

都市には日本中から「われこそ」という野心を持った若者が集まってきます。競争が激しく、資源分配のための査定もシビアです。地元の小さな町や村では、自分の才能にひそかに自信があっても、もしかしたら「井の中の蛙」の勘違いかもしれないと思うと不安になる。だから、仮に低い査定でも構わないから、正確な査定が欲しいと思うようになる。

僕の見るところ、過剰なまでに「客観的な査定を望む」点に現代の若者の際立った特徴があります。才能のある若者ほど被査定志向が強い。地元では成績もよく、人気者で、高い格付けを得ている若者であるほどいっそう「シビアな格付け」に飢えている。企業が格付け会社からスリーAだとかダブルAだとか査定されることを切望するように、彼らは「点数をつけてもらいたい」のです。同世代の100万人のうちの何番目に自分が位置しており、どの程度のポストや年収や敬意を要求できるのか、どの程度の生活レベルをめざしてよいのか、どの程度の配偶者を期待してよいのか……それが知りたいのです。好き嫌いでも良い悪いでもなく、とにかく知りたいのです。自分の格付けがわからない限り、何をしていいかわからない。自分が「何をしたいのか」よりも自分は「何をしてよいのか」「何を望んでもよいのか」、それを知りたいのです。

「査定への欲望」が若者たちを都市へ向かわせます。別に彼ら全員が野心的であったり、自信過剰であったりするわけではありません。ゲームを始める前に、まず格付けをして欲しいのです。自分はメジャーをめざせるのか、プロの二軍止まりなのか、社会人リーグなのか、高校野球どまりなのか、それがまず知りたい。努力を始める前に「努力の限界」を知りたい。

　地方より東京に憧れ、ローカルよりグローバルに憧れるのは、別に世界で羽ばたきたいからではありません。この社会内における自分の客観的な立ち位置を知りたいからです。自分がどこで、どれくらい通用するかを知りたいという知的な欲望ゆえなのです。

　だから、野心のある若者ほど東京の、それも生き残るための競争倍率の高い業界をめざします。能力の高い若者が密集するところへ飛び込んでゆきます。同質の能力の量的な差だけが際立つような職業に吸い寄せられる。その結果、正確な格付けを求める若者たちは、できるだけ多くの人がしていることを専門領域として選好するようになる。

まさに現代日本社会から活力が失われているのは、そのせいなのです。才能のある若い人たちが、「自分だけにできることは何か？」にはさしたる関心を示さず、「みんながしていることの中で自分はどれくらいのランキングに格付けされるのか」に優先的に関心を示すからです。その結果、競争が激烈になればなるほど社会から活気が失われるという逆説的な事態が生じた。そうなって当然です。だって、格付けの精度はサンプル数の多さに比例するからです。同じことをしている人間の数が多ければ多いほど格付けは精密になる。だから、精度の高い格付けを求めたら、「みんながしていること」をするしかない。ＴＯＥＩＣのように、「みんながでできること」をする人たちが大量に集まると、格付けの精度は高まる。でも、そうやって精度の高い、客観的格付けを求める人が増えれば増えるほど、その集団からは多様性が失われる。規格的な若者、互換性の高い若者たちがひしめくようになる。

現代の若者たちが規格化・同質化しているのは、別に彼らが気質的に凡庸だからではありません。自分の正確な社会的ポジションを知りたいというひたむきな願いゆえに、彼らは数値的差異以外には他の若者と見分けがたい個体識別不能のものに自ら進んでなっているからです。

その結果が若者たちの急激な雇用環境の劣化です。これだけ一方的に賃金を下げることが可能なのは、もちろん「雇用なき経済成長」という資本主義末期の現実があるわけですけれど、この趨勢に若年労働者たちがまったく効果的な抵抗を果せないのは、彼らが自ら進んで規格化を受け入れ、互換可能な労働者になってしまったことも深く与っています。「互換性が高い」というのは要するに「君の代わりはいくらでもいる」ということです。これは雇う側からすれば、雇用条件切り下げの決め台詞なのですが、おのれの能力に恃《たの》むところのある若者たちは精度の高い客観的査定を求めるがゆえに進んで「個体識別しがたいほど似ている」集団に自己登録する。その結果「いくらでも替えが効く」労働者に自分から進んでなってしまっている。

地方に向かう若者たちはたぶんこの「査定を求める若者たち」とは逆の方向をめざしているのだろうと思います。査定を求める人と査定を忌避する人の違いは、社会的能力や社会的コミュニケーション力とかじゃありません。査定を忌避する人というのは、「自分は生まれつきこういう人だから」と受け入れて、「変わりようがない」とどこかで諦めている人なんじゃないかと思います。自分がそうだから、わかります。子どもの頃からそうでした。叩かれても、叱られても、「いやだ」と言ったことは絶対しなかったし、「やる」と言い出したら後には引かなかった。「樹には何を言っても無駄だ」ということは5歳になる前に両親は思い知っていたと思います。だから、それからあと、僕に向かっては「ああしろ、こうしろ」とほとんど言わなかった。自分でもわかっていた。良いも悪いもない。もって生まれたこの個性でやってゆくしかない。だから、僕は査定されることにさっぱり気乗りがしませんでした。他の人と「同じこと」を同時にやって、その勝敗や優劣を競うということに根本的に興味がなかった。「そんなことして、何になるんだよ」と思っていた。査定を忌避する人たちというのは、たぶんタイプとしてはそれに近いんじゃないかと思います。

「ランク付け」されたくない「頑固者」が地方へ行く

3・11の後、原発事故を逃れて地方へ逃げて行った若者たちがたくさんいます。僕も何人か知っていますけれど、彼らの中で、「どれくらい早く逃げ出したか」とか「どれくらい遠くに逃げ出したか」とか「どれくらい徹底的に東京を見限ったか」いうようなことを自慢する人はいませんでした（いるわけないです）。単一の「ものさし」で人と自分を比べて、その優劣で一喜一憂するということの意味がわからない人たちだからこそ東京を後にしたのです。

もうお忘れでしょうけれど、3・11の直後に東京を脱出した人たちの中には、行く当てもなくて、とりあえず静岡くらいでいったん止まったという人がけっこういました。そのへんの駅前のビジネスホテルに泊まって、半月ほどはテレビでニュースを見るというような生活をしていた。自分もそういう生活をしていたという人から聞いた話ですけれども、3月12日とか13日にホテルに投宿した人たちは、すぐに仲良くなって、みんなで一緒にニュースを見たり、それぞれの事情を話し合ったり、日用品の貸し借りをしたりしたそうです。でも、その後になってから来た「第二陣」の人たちはあきらかに「別人種」で、ホテルの部屋に閉じこもって、誰とも口をきこうとしない。いったいこの二種類の「避難民」の間にどんな差があるんでしょうねということが話題になったことがありました。

たぶん最初の避難民グループは直感的に動いた人たちだったと思います。地震のあと、原発事故についての断片的なニュースが流れ始めた段階で、もう取るものもとりあえず東京を出た。動物的直感に従った。でも、第二陣はちょっと違う。あれこれ情報を総合した上で「東京から一時避難した方がいいかも知れない」と合理的に推論した。もちろん、この推論そのものは正しかったと僕も思います。でも、直感で動いた人と、合理的に推論して動いた人はやはり微妙に人間が違っていた。良い悪いを言っているんじゃないです。人間が違う。

僕は3月12日に自分のブログで「疎開のすすめ」という文章を書きました。東京にいる老人、幼児、母親、学生生徒たちは、特に東京にどうしてもいないといけない緊急の用事がある場合を除いて、それぞれの「つて」を頼って東京を離れた方がいい。そうアドバイスしました。でも、これについては当時の民主党政権筋から「そういうかたちで民心を煽るのは止めて欲しい」という連絡が入りました。都民の消費活動が冷え込むおそれがあるからという理由でした。こちらは「命」の話をしているのに、あちらは「金」の話をしていた。その落差に驚いたことをいまでも覚えています。

僕は直感的にまず「移動すべき」と思いましたが、移動することは「算盤勘定に合うかどうか」をまず考えた人たちもいた。直感と論理は働きが微妙に違います。一致することもあるし、ずれることもある。いずれにせよ、判断に要する時間は直感の方が早い。そのわずかなタイムラグが時には命に関わることもある。関わらないこともある。ケースバイケースです。

僕の友人の三島邦弘君はミシマ社という小さな出版社を自由が丘で経営していましたが、震災直後に社員全員に「京都に移る」と宣言して、家族連れでの京都移住を「業務命令」しました。それから数年間は東京と京都の二つのオフィスで仕事を続けていましたが、最終的に京都オフィスに一元化することになりました。三島君の決断が正しかったのかどうか、僕にもわかりませんし、社員たちにもわからないと思います。わかるのは、「どうしたらいいかわからないときには直感に従う」という三島君のスタイルはその後の出版社事業では次々と斬新なアイディアをもたらし、それがビジネスとしての成功に繋がったという事実だけです。

たぶん、3・11の後に地方移住を選んだ人たちには、三島君のようなタイプの人たちが多かったのではないかと僕は推察しています。たいせつなことは直感で決める。「エビデンスを示せ」とか「合理的根拠を述べよ」とか切り立てられても、「とにかく、やると決めたから、やる。以上」と腕を組んで譲らないという「頑固」者が多いんじゃないでしょうか（よう知らんけど）。

とりあえず、僕が会った限りの地方志向の若者たちは「他者からの査定を求めていない」という点で共通していました。査定に対する欲望が希薄である。他人との勝敗優劣を論じることに興味がない。たぶん、彼らは子どもの頃から、上の人から査定を受けて、「君の社会的な立ち位置はここだ」と指定されることにうまくなじめなかったのではないかと思います。そのつど自分の「やりたいこと」がはっきりしていて、社会的な格付けによって「やっていいこと」と「やってはいけないこと」を線引きされることが我慢ならない。「やりたいから、やる。やりたくないから、やらない。以上」というだけで、自分の判断の「客観的な正しさ」を証明したり、あげつらったりすることにも別に興味がない。

生得的な個性もあるでしょうし、家族のかたちも関係があるかも知れません。家族からの全面的な承認と愛情を得て育った子どもは、自分の自分であるだけで、親に愛され、承認されてきたという「成功体験」を刷り込まれているので、査定されたり、格付けされたりすることにそれほどこだわらない。逆に、「……ができたら子どもとして認めてあげる」というような利益誘導を親がして育てた場合は事情が変わります。

愛情と承認を子どもの側の「努力」と引き換えに与えるという商取引に類した育児戦略を合理的だと考える親たちがときどきいます。確かに、そういう育て方をすれば、子どもは小さい頃から「努力と成果は相関する」というルールを信じるようになります。こういう子どもたちは受験勉強のようなシンプルな「試練」には強い。学校の勉強は努力と成果が相関しますから。努力すればした分だけの報奨が与えられる。「世界は合理的に設計されている」と子どもたちは思う。

そこまではいいのです。でも、実際には世の中はそれほどには合理的ではありません。努力と成果が相関するのはごく限定的な領域だけです。勉強だってあるレベルまで行くと「もう逆立ちしても勝てないくらいの天賦の資質の差」に遭遇するし、スポーツだって、高校生になると国際大会レベルのアスリートには努力では太刀打ちできない。恋愛だってそうだし、就活だってそうだし、出世競争だって、ビジネスだって、そうです。「努力しても報われない」ということがあり、「努力しないで報われている（ように見える）」事例がまわりにいくらもある。

そのことのフラストレーションが若者たちを「努力と成果が相関する競争」へと向かわせる。別にそれを特にやりたいわけではないのだけれど、努力した分だけ格付けが上がるというシンプルなゲームに引き寄せられる。

前に僕の門人で独立して合気道の子どもの道場を開いた人がいました。始める時に相談に来て、「自分の道場のオリジナルな級を発行したいのだけれど、いいか」と訊いてきました。子どものたちの励みになるなら、いいじゃないかと賛成しました。合気会の級は5級からですので、その道場では10級から6級まで発行することになりました。1年ほどしてまた相談に来て、「親御さんが、もっと級を細分化して欲しいというので、分けることにしました」と報告して来ました。

各級をABCの3段階に分けて、10級のCから、6級のAまで、15段階に分けるというのです。僕はかなり驚きました。

武道の稽古を通じてもたらされる心身の変化はアナログなものです。身体が大きくなるとか、骨格がしっかりしてくるとか、御飯をたくさん食べるようになるとか、よく眠るとか、姿勢が良くなるとか、大きな声で話すようになるとか、そういう日々の変化は親だったら分かるはずです。でも、そういうアナログな変化では物足りないらしい。毎月月謝を払っているのだから、その分の「教育投資」が数値的に「成果」として表示されないと納得できない。たぶん、そういう親御さんが増えて来たのだと僕は思いました。

努力と成果の相関が保証されていること、成果は数値的に表示されること、それがたぶんいまの日本で親たちが教育について一番強く望んでいることだと思います。

そういう環境では、親も、子どもたちも「やりたいから、やる」とか「どういう成果が出るかわからないけど、やる」とか「優劣とか勝敗とかと、関係ないことを、やる」という生き方はなかなか受け入れられないのだろうと思います。でも、それが日本社会の活力を深く損なっているということは言っておきたいと思います。前にも書いたように、この四半世紀、学術的なアウトカムが劇的に劣化しています。OECD最下位レベルをずっと低迷している。この統計的事実は、子どもたちが「冒険心」を持つことを制度的に禁じるこの風潮が大きく関与していると僕は思っています。

別にみんながみんな冒険的である必要はありません。そんなにたくさん冒険家がいてもらっても困る。でも、一定の比率で、「やりたいことを、やる」「どういう成果が出るかわからないけど、やる」という人たちがいないと社会は活気を失います。

地方移住者が日本社会に「進歩」をもたらすかどうかはわかりません。でも、生き方のオルタナティブがいくつもあるということを同時代の人たちに示して見せることは、社会の閉塞感をずいぶん緩和してくれるのではないかと僕は思っています。

「自分がどれだけ成長できるか」で職業を選べ

人は仕事を通じて何を達成するのでしょうか。それは一言で言えば、自分の成長です。仕事をすることのほんとうの意味は、それによって自分自身が「変わる」ということにあります。何を成し遂げたかということよりも、それをしたことを通じて、自分の見識が広がり、知己が得られ、感受性が豊かになり、人間としての深みを増した。それが働くことの本義だと僕は思います。そういうことを基準に職業を選択してほしい。

地方移住の場合でも、行った先の土地になじめるか、自分に合った仕事はあるのか、いろいろ不安はあると思います。でも、そのときに必ず「働くって、どういうことなんだろう?」という根源的な問いに行き当たることになります。労働とは何か、市場とは何か、貨幣とは何か、資本とは何か、付加価値とは何か……といった一連の根源的な問い、「みんなと同じような賃労働者」をしている限り決して前景化することのない問いにまっすぐ突き当たります。僕はそれはとてもいいことだと思います。

もちろん根源的な問いですから、すぐに答えは出ません。何年経っても答えは出ません。でも、それでいいんです。「根源的な問い」が僕たちに求めるのは、答えの出ない問いにアンダーラインを引いておいて、「あれ、もしかして、これがあの『根源的な問い』の答えなんじゃないか」と折に触れて思い出すことだからです。問いは答えを得ると、そのまま「ファイル」されてしまい込まれてしまいます。でも、「なかなか答えに出会えない問い」は「デスクトップ」に置かれたまま、いつもそこにあります。僕たちを知的に活性化し続けてくれるのは、そういう「なかなか答えを得られない問い」です。あらゆる問いにすぱすぱと答えることができて、「わからないことはない」と揚言する人がいたとしたら、その人は知性的にはもう「終わっている」ということになります。そういう人にはもう自分の知的な枠組みを刷新する機会は訪れない。知性的であるというのは、ものを知っているということではありません。自分のものを知る仕組み（それは同時に「ものを組織的に見落とす仕組み」のことです）を注意深く観察して、その働きぶりを確かめ、不具合を修正できる可塑性と復元力のことです。

知性的であるためにもっとも効果的なのは「簡単には答えの出ない問い」を抱

え込んでいることです。そして、いつも「喉に魚の小骨がささったような片づかない気分」でいること。「すっきりしないなあ」と思うでしょうけれど、人生、そういうものなんです。

ポスト資本主義社会時代の「自分の役割」をイメージしてほしい

若い人は社会の仕組みがこれから短期間のうちに急変するだろうということが直感的にわかっていると思います。いま医療系の学校に行く人が増えています。医師、歯科医も多いし、薬剤師、看護師、理学療法士、精神保健福祉士、社会福祉士といった資格を目指している人がとても多い。4年制の大学を卒業した後に看護学校に入り直して、ナースになる人もいます。神戸女学院大学文学部の、僕のゼミを出た人にも、その後看護師になった卒業生が（僕が知る限りで）3人います。

誰に言われたわけでもないのに、遠からずこういう職業が緊急に必要になるということがわかる。それゆえの職業選択だと思います。看護師というのはたいへんな激務ですし、待遇だって決していいわけではない。それでも、その職業に引き寄せられるというのは、そこに果たすべき仕事があるということを直感しているからでしょう。

これから日本社会は急激に高齢化し、生産年齢人口が激減します。人口の半数近くが老人というきわめていびつな年齢構成になる。厚労省の中位推計では、あと50年で人口は８８００万人、１００年後には５０００万人を切るところまで人口減は進むと予想されています。

そういう局面に向かっているときに、「少子化問題をどう解決するか。どうやって人口を増やすか」というふうに考えている人は大きな勘違いをしています。これは「問題」ではなくて「答え」だからです。人口爆発による地球の生態学的環境の劣化、エネルギー、食糧、医療資源、教育資源、すべての不足によって起きる暴力的な争奪や紛争を回避するために人類が処方した「答え」が少子化なのです。

ですから、少子化が起きているのは日本だけではありません。日本が世界で一番早く超少子化・超高齢化に突入しますけれど、すぐに中国、韓国もこれに続きます。欧米も続きます。22世紀になれば、アフリカも人口減局面に入り、世界人口そのものが減少してゆく。そういう人類史的スケールのプロセスの中で起きている人口減です。小手先の「産めよ増やせよ」キャンペーンくらいでどうこうなるものではありません。そういう歴史的な環境の変化にどう「適応するか」が緊急な問いであるときに、プロセスそのものを押しとどめ、あるいは否定するような「少子化対策」にはまるで実効性がありません。

その意味では、医療や看護や介護の仕事を選択している若い人たちの方が「婚活パーティ」なんかに助成金を出している行政よりもよほど考え方が現実的だと僕は思います。農業もそうなんです。ただ、資本主義のシステムに「うんざり」しているという感覚的な理由からの選択ではない。いまの資本主義市場経済での企業活動が「大量生産・大量流通・大量消費・大量廃棄」という「成長と人口増」を自明の前提としたモデルである以上、つまり、「人口減」という局面をまったく想定していない以上、人口減があるレベルを超えた時点で、システムそのものが大きく崩れることは避けがたい。そのことを彼らは直感的に予測している。その上での選択だろうと僕は思っています。

どのような破局的事態が起きても、とりあえず自分が暮らしているところには、食べるものがあり、飲める水があり、健康被害の不安のない生態学的環境が保たれ、困ったときには助け合うことのできる相互扶助・相互支援のネットワークがあり、特別に高度である必要はないけれど、きちんとした医療や教育のための設備が整っていること、地域に根付いた小規模の（でも、質の高い）文化活動が行われていること、祭祀や儀礼が守られ、それが共同体統合のためにきちんと機能していること、それらがいまの地方移住者たちが最優先で求めているものではないかと僕は思っています。

そういう「来るべき世界」のイメージは、地方移住者以外の若い人たちの中にも、しだいに定着しつつあるように僕には思われます。そして、その「来るべき世界」の中で、自分はどんな役割を果たすことができるだろうか、それを考え始めている。だから、職業として、農業を選ぶ人がおり、医療や教育や出版を選ぶ人がおり、芸能や生活技術を選ぶ人がいる。そういう人たちは資本主義市場経済システムが崩れて、それとは違う経済システムの社会になっても、それでも「人間がそれなしでは生きてゆけないもの」を提供することができるのなら、食うに困ることはないだろうと漠然と感知しています。あるいはそういう人のことを「野蛮人」と呼ぶのかも知れませんが、「野蛮人」たちの数はこれから増えることはあっても、減ることはないでしょう。

本書は『TURNS』（第一プログレス発行）の以下の記事をもとに加筆されたものです。
・2014年春号（Vol.8）「ローカルワークのススメ」
・2014年夏号（Vol.9）〜2016年8月号（Vol.18）の連載「若者よ、地方をめざせ！」

内田 樹（うちだたつる）

1950年東京都生まれ。東京大学文学部仏文科卒業。東京都立大学大学院人文科学研究科博士課程中退。神戸女学院大学文学部助教授・教授を経て2011年に退職。現在、神戸女学院大学名誉教授。京都精華大学客員教授。昭和大学理事。神戸市内で武道と哲学のための私塾「凱風館」を主宰。合気道七段。主著に『ためらいの倫理学』、『レヴィナスと愛の現象学』、『先生はえらい』など。『私家版・ユダヤ文化論』で第六回小林秀雄賞、『日本辺境論』で2010年新書大賞。執筆活動全般について第三回伊丹十三賞を受賞。近著に『アジア辺境論』（姜尚中との共著）、『街場の天皇論』など。

ローカリズム宣言
「成長」から「定常」へ

二〇一八年一月五日　初版第一刷発行

著　者　内田 樹
発行者　髙橋団吉
発行所　株式会社デコ
〒一〇一－〇〇五一
東京都千代田区神田神保町一－六四
神保町協和ビル二階
http://www.deco-net.com
電話　〇三－六二七三－七七八一（編集）
〇三－六二七三－七七八二（販売）

印刷所　新日本印刷株式会社
装　幀　岩間良平（トリムデザイン）
組　版　アーティザンカンパニー株式会社
構　成　佐藤恵菜
校　正　ウエハウス

ISBN978-4-906905-16-4　C0095